W0185882

GÜTERSLOHER
VERLAGSHAUS

EIN BUCH FÜR VERRÜCKTE

DADA PENG

SCHEISS AUFS SCHICKSAL

ÜBER DEIN GLÜCK ENTSCHEIDEST DU

GÜTERSLOHER VERLAGSHAUS

Inhalt

THE JOURNEY BEGINS

...doch gut ausgestattet, mit Musik auf den Ohren,
einem Kameraden an deiner Seite, dem Mond am Himmel
und einem fliegendem Herzen über dem Ziel,
kannst du getrost LOS ZIEHEN! → da lang

Vorwort

Den 1. Mai 2014 verbrachte ich bei Freunden. Es ist eine alte Tradition, dass wir am Tag der Arbeit gemeinsam brunchen und rein gar nichts Produktives tun. Der Brunch begann mittags um 12 mit einem veganen Buffet, das ich persönlich ja widerlich fand, und einer Erdbeerbowle, in der die Beeren in Vodka eingelegt waren. Diese wiederum fand ich vorzüglich. Als die Bowle gegen Abend ihre Wirkung gänzlich entfaltete, kippte an einer Stelle die Stimmung, und eine Freundin von mir ließ ihrem Unmut über das Leben, über ihren Exmann, über Hartz IV und auch über diesen »verfickten Brunch« freien Lauf:

»Kann sich eigentlich einer vorstellen, wie das ist, alleine und alleinerziehend? Jeden Wasserkasten muss ich alleine nach oben schleppen, alleine!«, schrie sie gegen 21.25 Uhr durchs Treppenhaus, nachdem sie sich bereits an ihrem Handy und an einer Vase vergriffen hatte. Mein bester Freund, der den Brunch ausgerichtet hatte, war den Tränen nahe, und ich sagte immer wieder wie ein Mantra: »Klatsch ihr einfach eine, klatsch ihr einfach eine.«

Als sich die Schreierei dann wieder in die Küche verlagert hatte und besagte Freundin sich gerade darüber ausließ, dass sie ja jetzt auch die Blumenkübel der Terrasse mutterseelenalleine transportieren müsse, konnte ich mich auch dank der Bowle nicht länger beherrschen:

»Du hast ja so was von recht! Vergiss den Krieg in Syrien und auch die Familien, die ihr Kind in ein Kinderhospiz bringen müssen ... das alles ist nix im Gegensatz zu deinem schweren Schicksal, verlassen worden zu sein.«

Auf einmal war es ganz ruhig in der Küche, und die Freundin sagte nur: »Ja du, du redest dir ja alles schön, du bist doch eh verrückt mit deinem ganzen Sterbescheiß.«

Der Abend endete dann verhältnismäßig unspektakulär, und ich fand mich irgendwann alleine zu Hause auf meiner Couch wieder und dachte: »Ja genau, man kann sich tatsächlich alles schönreden. Und das sollte man auch! Und ja, ich bin verrückt. Aber genau das hat mir schon oft den Arsch gerettet.«

Und genau darum geht es in diesem Buch. Das Leben einfach einmal aus einer anderen Perspektive zu betrachten und es sich manchmal wirklich nur schönzureden. Man kann es nicht wirklich schöner machen, als es ist, aber man kann den Blickwinkel so verrücken, dass man das Schöne auch im Scheitern und im Schmerz sieht.

»There is a certain beauty in distruction«, hat mal ein buddhistischer Mönch zu mir gesagt, und erst an jenem Abend auf der Couch verstand ich wirklich, was das heißt.

Somit ist dieses Buch quasi das erste Buch für Verrückte. Für all die, die sich immer mal wieder umblicken und denken: Sind alle anderen irre oder bin ich es? Willkommen im Club und willkommen auf einer Reise in die Vergangenheit, in die Gegenwart und in die Zukunft.

Ausreden wie »Meine Eltern haben mich nie in den Arm genommen«, »Mein Bruder war immer der Liebling meiner Eltern«, »Meine Freunde haben mich immer nur ausgenutzt«, »Mit 50 findet man keinen Job mehr«, »Ich musste mir immer alles erkämpfen«, »Sobald ich die ersten Anzeichen einer unheilbaren Krankheit habe, bringe ich mich um« möchte ich ganz gerne kurzerhand in die Tonne kloppen und das Leben einfach einmal neu betrachten, sodass auch du morgens aufstehen und sagen kannst: Scheiß aufs Schicksal!

Dada Peng
Köln, im Winter 2014

Warum dieses Buch sein muss

Das Leben ist nicht schön. Das muss einfach mal gesagt werden. Von alleine ist es nicht schön. Es gibt Momente, die sind schön, und Menschen, die es immer schön finden. Aber in Wirklichkeit ist es einfach nur verdammt anstrengend. Und ich rede jetzt nicht von dem Leben von Kriegsopfern oder von den Kindern in Afrika. Manchmal glaube ich sogar, dass das Leben hier, da, wo wir gerade sind, viel anstrengender ist als dort, wo man sich nur ums Überleben sorgen muss. Keine existenzielle Not zu haben, raubt einem vielleicht die Fähigkeit, tiefes Glück empfinden zu können, einfach nur dadurch, dass man existiert, dass man lebt.

Wenn ich daran denke, mit was für einer Scheiße ich mich die letzten Wochen beschäftigen musste ... Es tut mir leid, das war nicht schön. Steuererklärung, Umzug, Reifen wechseln. Und dann denke ich so, ach mach mal einfach 'nen Tag frei, gönn dir was, tu dir was Gutes und kauf dir mal 'ne neue Hose, 'nen Paar Schuhe, irgendwas. Und dann stehe ich bei H&M in der Umkleide, Spiegel vorne, hinten, unten, oben. Spiegel überall. Und auch das, was ich da sehe, finde ich nicht schön. Der Bauch, an meinem Hinterkopf eine kahle Stelle, die mittlerweile so groß ist wie ein Tennisball. Und dann stehe ich da, ziehe alle Register und sage mir: »Der Körper ist nur Hülle, wichtig sind die inneren Werte, es wollen immer noch viele mit dir schlafen.« Aber dann blicke ich wieder in diesen Spiegel, sehe, in was für eine Kinderhose ich mich reingepresst habe, und denke: »Nein ... ich finde das nicht schön.« Und dann kaufe ich lediglich eine neue Basecap, mit der ich dann aussehe, als würde ich morgen eingeschult. Ne kahle Stelle am Hinterkopf zu bekommen, ist echt ein Scheißschicksal!

Es gibt so viele blöde, dumme Schicksale, dann auch ganz tragische und dann auch Schicksale, die völlig unterschiedlich interpretiert werden können. Ich dachte immer, dass mein Coming-out damals für meine Eltern ein ganz schlimmes Schicksal gewesen sein muss. Ich hatte ein schlechtes Gewissen, da ich ihnen keine Enkelkinder schenken würde und da man in unserer kleinen Stadt nun natürlich auch eine gewisse exponierte Stellung innehatte. Das sind die mit dem homosexuellen Sohn.

Nach Jahren, eigentlich erst kurz bevor meine Mutter starb, unterhielt ich mich mit ihr darüber, und sie sagte nur völlig verwundert:

»Dass du schwul bist, das war für uns nie ein Problem. Als du in der baptistischen Freikirche warst und in der Fußgängerzone ›Die Gott lieben, werden sein wie die Sonne‹ gesungen hast, das war schlimm. Da habe ich mich geschämt!«

Seitdem weiß ich: Reden hilft! Und ganz offensichtlich gibt es Tausende verschiedene Interpretationen von ein- und denselben Lebensumständen.

Aber was machen wir jetzt damit? Bauch einziehen und Mütze tragen oder einfach mal nackt ins Schwimmbad gehen? Es gibt gewisse Schicksale, von denen wir uns nicht freisprechen können. Gewisse Dinge sind nun mal, wie sie sind. Aber wir können entscheiden, wie wir damit umgehen. Wir können uns emotional steinigen oder uns emotional selbst befriedigen. Es ist einfach eine Frage der Entscheidung.

Wäre Sonja Zietlow die Moderatorin dieses Buches, dann würde sie jetzt sagen: »Willkommen zu den 12 emotionalsten Themen Ihres Lebens. Wir haben die spannendsten, lustigsten und herzzerreißendsten Kapitel für Sie zusammengestellt und gehen diese nun mit Ihnen gemeinsam durch.«

Dann käme Werbung. Aber so in etwa, wie Sonja es vielleicht sagen würde, wollen wir dies auch wirklich hier gemeinsam tun. Wir schauen uns die Top-Themen des Lebens an und versuchen, diese aus verschiedenen Blickwinkeln zu betrachten, bis uns eine Perspektive begegnet, die passt. Die wir haben wollen. Die uns entspricht und uns guttut.

Wir konsumieren so viel Schrott tagtäglich. In diesem Buch wollen wir uns einfach mal auf existenzieller Ebene selbst begegnen. Uns auf emotionaler Ebene selbst befriedigen. Deshalb lade ich dich auch ein, am Ende der Kapitel genau das zu tun. Befriedige dich emotional selbst und schreibe, singe, tanze deine Gedanken hier in dieses Buch.

Ich habe in meinem Leben eine reine Achterbahn an Gefühlen kennengelernt. Viele schicksalhafte Momente erlebt, die ich einfach nicht ändern konnte. In denen mir nichts anderes übrig blieb, als sie mir schönzureden, die Perspektive zu verändern und ihnen etwas Gutes abzuringen. Ansonsten wäre ich daran kaputtgegangen. Dazu habe ich aber in diesem Leben keine Lust. Und wenn du auch große Lust haben solltest, dem Schicksal mal kräftig in den Hintern zu treten, dann lass uns das hier auf den folgenden Seiten einfach mal machen.

Mein Leben als Kurzfilm

Ich bin 1974 geboren, im Ruhrpott aufgewachsen und habe als Teenager ein Jahr als Austauschschüler in Amerika gelebt. Mitte/Ende der 90er, also mit 25, war ich erfolgreicher Moderator beim KIKA. Ich hatte zuvor einige Semester Film- und Fernsehwissenschaften studiert und lebte nun meinen Traum von einem Leben im Mediengeschäft. Ich moderierte eine eigene tägliche Kinder-Talkshow Yo!Yo!Kids im SWR-Fernsehen und verdiente bis zu 3.000 DM am Tag. Ich traf und interviewte Promis und Sternchen wie Karl-Heinz Böhm, Blümchen, Nena, Atomic Kitten, Sebastian Vettel, DJ BoBo, Konstantin Wecker, Caught in the Act, Scooter, Yvonne Catterfeld und viele mehr. Mein Zuhause war meine Heimatstadt Dortmund, und jede Woche flog ich Business Class zur Produktion nach Stuttgart. Urlaub machte ich überwiegend in New York.

Dann wurde ich kurz vor der Jahrtausendwende aus diesem schicken Leben gerissen. Im Urlaub in Miami bekam ich die Nachricht, dass mein Vater schwer an Krebs erkrankt war und die Ärzte ihm nur noch wenige Wochen gaben. Ein Jahr zuvor waren bereits meine Cousine und meine Großmutter verstorben. Wieder zurück in Deutschland, ging alles sehr schnell. Mein Vater lebte noch drei Monate. Diese erste direkte Begegnung mit dem Tod war für mich der Auslöser für eine tiefe Sinnkrise.

Unabhängig davon wurde kurze Zeit später meine TV-Sendung abgesetzt. Ich verlor meinen Traumjob und erhielt nicht einmal Arbeitslosengeld. Im TV-Bereich gibt es Verträge als fester freier Mitarbeiter, bei dem Sozialabgaben über eine Lohnsteuerkarte abgeführt werden, der Arbeitnehmer aber selbst für das Arbeitslosengeld zuständig ist. Das hatte mich damals mit Mitte 20 recht wenig interessiert, und dank Dolce und Gabbana und meinem unbändigen Drang zu leben gab es auch keinerlei Ersparnisse. So musste ich mein schickes Cabrio verkaufen und die meisten meiner Designer-Klamotten bei Ebay versteigern. Verzweifelt rannte ich von einem Moderatoren-Casting zum anderen und versuchte mich nebenbei als Chansonnier. 2004 musste ich dann aus meiner tollen Wohnung raus, zog in eine WG, und zur Krönung kam dann auch noch der Steuerbescheid. Irgendwann ging gar nichts mehr ...

Zeitgleich begann ich in einem Hospiz als ehrenamtlicher Mitarbeiter, und hätte ich diesen »Rückzugsort«, diese Begegnung mit sterbenden Menschen nicht gehabt, so hätte ich wahrscheinlich meine Lust am Leben verloren.

Ein Freund fasste meine Situation damals so zusammen: »Kein Job, kein Geld, keine Beziehung ... scheint ja echt gut zu laufen grad.« Mein größtes Problem war, dass ich dieses Leben ideologisch nicht begreifen konnte. Warum passierte all dies, und warum passierten andere Dinge nicht? Was sollte mir dieses Scheitern sagen?

Ich hielt mich mit Jobs über Wasser, arbeitete im Asylbewerberheim mit Kindern und Jugendlichen, gab Nutten Tanzunterricht und wurde Spinning-Trainer. Irgendwann tat sich endlich wieder eine große Jobmöglichkeit auf. Ich moderierte für ein Formel-Eins-Team, musste nach Barcelona an die Rennstrecke und traf dort Nick Heidfeld und Sebastian Vettel. Doch auch hier war nach einer Saison Schluss. Zwei Tage nach dem Aus wurde dann mein Hund Paula überfahren. Das Schicksal hatte mich gef ...

Ich ging nach Berlin und versuchte dort mein Glück. Aber irgendwann musste ich einsehen: »Pleite sein ist scheiße, egal in welcher Stadt!« Und dann sah ich dort eines Tages, wie in dem Schaufenster eines Hugo-Boss-Ladens eine Verkäuferin ein T-Shirt von einer Schaufensterpuppe nahm. Auf einmal dachte ich: Das will ich auch! Ich will einfach nur aufstehen, essen, schlafen, arbeiten gehen und dann am nächsten Tag das Gleiche wieder von vorn machen. Scheiß aufs Schicksal. Scheiß was drauf, ob Leute denken,

dass das ein Abstieg ist! Scheiß was drauf, dass mich Leute, die mich vom Fernsehen her kennen, belächeln. Keine Chansons, kein TV und keine Castings mehr ...
Ich wollte einfach nur wieder leben. Ein normales Leben haben, ganz egal wie.

Und dann wurde ich Flugbegleiter. Während der Ausbildung musste ich anteilig Hartz IV beantragen, um finanziell überhaupt über die Runden zu kommen, aber ich hatte mich fest dazu entschlossen, und es fühlte sich gut an, denn: »Wenn man sich bedingungslos für einen Weg entscheidet, dann folgt das Schicksal einem nach.« Diesen Satz hatte mir einmal eine befreundete Astrologin gesagt, und diesen Satz trage ich seitdem immer bei mir, in der Hosentasche.

Es folgten Begegnungen und Erlebnisse auf der ganzen Welt, die mich prägten und von denen ich in diesem Buch erzählen möchte.

Ich hatte gerade mal das Gefühl, ein normales Leben zu führen, als ein sehr guter Freund von mir tödlich verunglückte und ein Jahr später meine Mutter den Kampf gegen ihren Krebs verlor. Und da war es wieder, mein Schicksal. Ich schrieb ein Buch über meine Beziehung zum Tod und zum Sterben, und plötzlich hatte ich wieder Talkshow-Auftritte, wurde zu Podiumsdiskussionen eingeladen, Cosma Shiva

Hagen las Gedichte von mir, Janine Kunze war Gastleserin bei meiner Buchpräsentation, und immer mehr Menschen wollten wissen, wie man trotz solch eines »Schicksals« das Leben lieben kann, wie ich es tue.

Heute bin ich kein Flugbegleiter mehr. Ich bin wieder selbstständig tätig als Autor, Songwriter und TV-Konzept-Entwickler. Wenn ich eins im Leben gelernt habe, dann ist es, »Schicksalsschläge« als Chancen zu sehen und diese zu nutzen, um das eigene Leben neu zu gestalten. Vom TV-Moderator zum Hartz-IV-Empfänger zum Flugbegleiter zum Buchautor zum Unternehmer: Das war eine turbulente Reise, und ich habe mir oft gewünscht, sie wäre anders verlaufen. Doch »der Weg ist das Ziel« ...

KAPITEL 1

Liebe deine Stadt

#HEIMAT

Die erste Heimat, die wir alle haben, ist der Körper unserer Mutter. Wenn man sich das einfach mal bewusst macht, dann ist das schon ein Wunder, und wie erwiesen, ist die Verbindung zu dieser ersten »Heimat« eine bleibende und auch sehr prägende. Denn bereits dort können wir uns wohl oder auch verloren fühlen. Wir können Stress, Frieden und auch Krieg miterleben. Meine bereits erwähnte Freundin und Astrologin sagte mir einmal: »Ja, Sie haben sich nicht sehr wohlgefühlt im Leib Ihrer Mutter. Sie müssten eigentlich schon fast eine Frühgeburt gewesen sein.« Darüber hatte ich mir noch nie Gedanken gemacht, und so fragte ich meine Mutter, die mir interessanterweise, zwei Tage bevor sie starb, die Bestätigung gab.

Sie erzählte es mir in einem ihrer letzten klaren Momente in ihrem Leben, zu einem Zeitpunkt, als wir schon einige Monate versucht hatten, die Hoffnung aufrechtzuerhalten, dass sie ihre Krebserkrankung überleben würde. Nun war es aber gewiss: Es ging zu Ende. Der Lebensgefährte meiner Mutter konnte schon seit Wochen nicht mehr arbeiten, da er ihre Pflege übernommen hatte, und auch mein Bruder und ich waren jetzt in den letzten Tagen zu Hause. Wir waren alle emotional und auch körperlich durch. Wenn an dem Punkt nicht eine Arbeitskollegin meiner Mutter uns auch nachts noch zur Seite gestanden hätte, hätten wir diese letzten Tage wohl kaum zu Hause meistern können.

An diesem Abend war ich bei meiner Mutter im Zimmer. Meistens saß ich neben dem Bett auf ihrem Toilettenstuhl. Es war mein altes Kinderzimmer und genau der Ort, an dem auch schon Jahre zuvor mein Vater gestorben war.

Ganz unvermittelt sagte sie auf einmal zu mir: »Ja, fast zwei Wochen bist du damals zu früh gekommen.« Und dann erzählte sie mir von all den Schwierigkeiten und Sorgen, die sie während ihrer Schwangerschaft mit mir hatte. Dass sich meine Eltern fast getrennt hätten und sie wochenlang einfach nur im Bett gelegen hätte.

Und auf einmal machten viele Dinge, die ich in meinem Leben erlebt hatte, Sinn. Am spannendsten fand ich aber, diese persönliche Gewissheit bekommen zu haben, dass einfach die Umstände meiner ersten »Heimat« so waren, dass ich irgendwann gesagt habe: »Okay, das reicht. Ich guck mal, wie es da draußen ist.«

Und das ist eine Lebenseinstellung, die mich bis heute begleitet. Dieses »Alle-Zelte-Abbrechen«, dieses »Alles-Umwerfen«, das gehört einfach zu mir. Ich bin meiner Mutter endlos dankbar, dass sie noch die Kraft aufbrachte, mir von alledem zu erzählen.

Wie oft haben mir Freunde gesagt: »Jetzt wird es aber langsam Zeit, dass du mal zur Ruhe kommst.« Und ich dachte dann immer, dass ich das auch wirklich bald mal müsste. Aber nein! Zu meiner Persönlichkeit, zu meinem Schicksal gehört es nun mal, dass ich rastlos bin, dass ich mich gerne auf den Weg mache.

Doch es ist natürlich auch so, dass ich meine jetzige Heimat liebe, mein Land, meine Stadt. Ich liebe es, in Frieden und Wohlstand zu leben. Und mit »Wohlstand« meine ich jetzt keine Luxusuhr oder Kaviar, sondern fließend Wasser und eine funktionierende Toilette, medizinische Versorgung und den Luxus haben zu können, in der Sonne mit Freunden Wein zu trinken.

Auch hier kommt es natürlich wieder auf die Betrachtungsweise an. Man kann immer eine negative, nörgelnde oder eine positive, dankbare Haltung einnehmen.

Was ich in Amerika so geliebt habe, das war die Einstellung der Menschen: Wenn der das schafft, dann schaff ich das auch! Hier bei uns, gerade hier in Deutschland, ist die Haltung doch eher: Warum hat der das und ich nicht?

Der Schlüssel zu einem glücklichen Leben, da bin ich ganz sicher, liegt darin, Verantwortung für das eigene Schicksal zu übernehmen. Das ist der erste Schritt. Ich muss erkennen: Niemand sonst ist für irgendeine meiner Lebenssituationen verantwortlich, außer ich selbst.

Und wenn du heute in einer Stadt lebst, die du nicht liebst, dann ziehe um! Schaffe dir eine neue Heimat und sei offen für die positiven und glücklichen Dinge, die dir deine Stadt und dein Land zu bieten haben.

Ein anderes Thema: Ich hatte letzte Woche meine silberne Konfirmation. Und das war eine richtige Reise in die Vergangenheit und in meine frühere Heimat. Wir waren eingeladen, in unsere Konfirmationskirche zu kommen. In dieser Kirche wurde ich auch schon getauft. Seit der Beerdigung meiner Mutter war ich nicht ein einziges Mal wieder in diesem kleinen Ort in der Nähe von Dortmund.

Über Facebook hatte ich mitbekommen, dass ein paar frühere Freunde von mir kommen würden. Einige hatte ich bestimmt zehn Jahre, andere auch 20 Jahre nicht gesehen. So beschloss ich, an diesem Sonntagmorgen dorthin zu fahren und mir das tatsächlich »anzutun«. Ich fühlte mich eigentlich gar nicht so alt, denn das »Silber« in irgendeinem Namen hatte für mich schon als Kind immer was mit alten Menschen zu tun.

Niemand sonst ist für meine Lebenssituation verantwortlich, außer ich selbst. Heimat gibt es überall, man muss sie nur suchen und zulassen.

Und nun fuhr ich, als einer dieser alten Menschen, freiwillig wieder dorthin, wo ich als Kind immer wegwollte. Und: Es war schön!

Ich fuhr mit dem Zug und freute mich mal wieder über den Anblick des »Dortmunder U«, wenn man in die Stadt einfährt. Und dann holte mich meine alte Kindergartenliebe, ein Mädchen, vom Bahnhof ab, und wir fuhren Richtung Norden in unsere alte Heimatstadt.
Und es war dort, als sei die Zeit stehen geblieben. Die, die damals laut waren, waren immer noch laut, die, die leise und schüchtern waren, waren das immer noch. Auch der Ort sah noch genauso aus wie früher. Und obwohl ich dort noch immer nicht mein Leben verbringen möchte, war es für mich doch eine Form der Rückkehr in die Heimat. Diese Menschen, die ich nun nach all den Jahren wiedertraf, verstanden Dinge, die niemand anders verstehen kann, und teilten Erinnerungen, die niemand anders sonst auf der Welt mit mir teilen kann.

Und so wurde auf einmal aus meinem »Ich will hier weg«-Gefühl ein »Ich will immer noch weg, finde es aber schön, hier gewesen zu sein«-Gefühl. Und damit lässt sich irgendwie ganz gut leben.

Heute lebe ich in Köln und habe dort eine wunderbare Heimat gefunden. In erster Linie, so glaube ich, liegt diese

Lebensqualität an den Menschen, die hier leben und die ihre Stadt lieben, wie ich das tue. Ich kannte diese Form von Lokalpatriotismus bislang nur aus Amerika und empfinde bei allem kölschen Klüngel, den es gibt, und bei allen Dingen, die politisch und gesellschaftlich hier auch nicht optimal laufen mögen, Köln als die Heimat, die mir persönlich zur Zeit am meisten entspricht.

Und deshalb ist es gerade jetzt meine Heimat, so lange, bis ich mein Leben wieder umschmeiße und mir eine neue Heimat suche. Denn: Heimat gibt es überall, man muss sie nur suchen und zulassen.

Frage dich mal, was du über deine erste Heimat weißt, über die Umstände deiner Geburt, und inwiefern du Parallelen in deinem Leben darin erkennen kannst.

Wenn du ein Date mit deiner Stadt haben würdest, wenn du einfach nur einen ganzen Tag lang in der Stadt, in der du lebst, unterwegs wärst, ohne Ziel, einfach so … würdest du dich dann an diesem Tag zu Hause fühlen?

KAPITEL 2

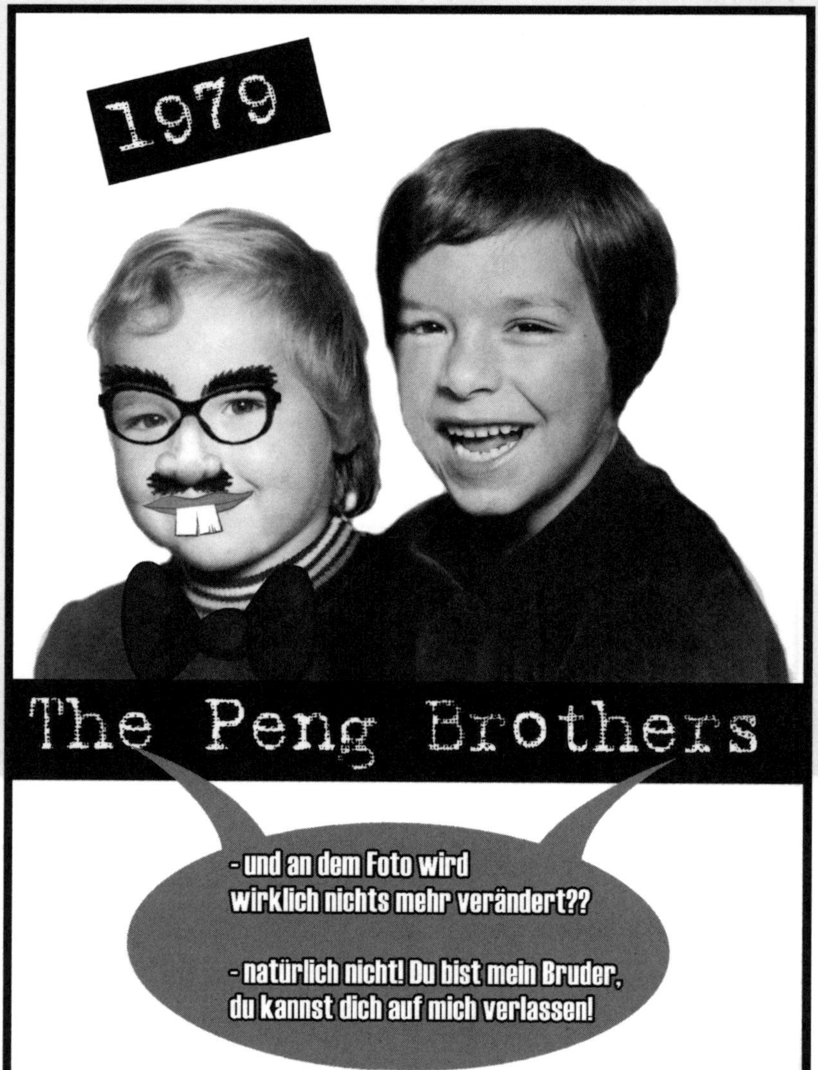
1979
The Peng Brothers
- und an dem Foto wird
wirklich nichts mehr verändert??
- natürlich nicht! Du bist mein Bruder,
du kannst dich auf mich verlassen!

Wie Nancy Reagan in einer Blumenleggins mir in Mumbai die Augen über meine Familie öffnete

#FAMILIE

Es ist nie zu spät, eine glückliche Kindheit gehabt zu haben. Familie prägt, ob man will oder nicht. If you do something without loving it, it will never feel right, darling!

Familie ist ja irgendwie das Beste und das Schlimmste, was einem so im Leben passieren kann. Ich war als Kind wirklich nicht begeistert von meiner »Inkarnation«. Und viele Dinge, die gar nichts mit meiner Familie zu tun hatten, habe ich als Kind auf ganz natürliche Weise einfach auf diese projiziert. Natürlich waren meine Eltern schuld, dass ich nicht in einer Limousine jeden Morgen in die Schule gebracht wurde. Und klar waren meine Eltern schuld, dass ich in einer so engen Kleinstadt leben musste. Wer denn auch sonst?

Und ich finde das auch okay. Ich glaube, Eltern müssen einfach zeitweise Schuld an allem sein.

Schwierig wird es nur, wenn man diese Sichtweise sein Leben lang beibehält. Ich habe selbst mit Ende 20 noch geglaubt, dass ich mir mein Leben lang alles erkämpfen müsste und andere einfach alles in den Hintern geschoben bekommen.

Einer meiner besten Freunde sagte damals nur zu mir: »Wenn du dir selbst das immer wieder sagst, dann wird sich daran auch nichts ändern können. Es ist nie zu spät, eine glückliche Kindheit gehabt zu haben.«

Und da machte es irgendwie klick. Es machte irgendwie Sinn, dass mein heutiges Denken mein zukünftiges Leben gestalten wird.

Also beschloss ich, mein Leben anders zu denken. Und das wurde echt eine längere Sache. Zwischenzeitlich waren natürlich immer wieder meine Eltern schuld daran, dass es nicht so schnell und so gut klappte, wie ich das wollte. Aber im Laufe der Zeit begann sich mein Leben tatsächlich zu verändern.

Ich wechselte einfach die Perspektive. Ich versuchte, nicht mehr die Dinge zu fokussieren, die ich scheiße, ungerecht und anstrengend fand, aber ich versuchte anzuerkennen und wertzuschätzen, was funktionierte und was gut war.

Spannend wurde es, als ich versuchte, mich auch einfach mal in das Leben meiner Eltern hineinzuversetzen. Wir haben, so glaube ich, viel zu schnell vergessen, dass diese schrecklichen Kriegserlebnisse, die unsere Großeltern oder sogar Eltern noch selbst erlebt haben, in unseren Familien noch immer quasi mit am Tisch sitzen.

Ich wusste beispielsweise, bis ich 15 war, überhaupt nicht, dass mein Großvater, der immer leicht apathisch in der Küche saß, als Kriegsgefangener in Russland war.

Das erfuhr ich quasi en passant, eine Stunde bevor ich in der neunten Klasse zum Bahnhof musste, um meinen russischen Austauschschüler abzuholen, der nun 14 Tage bei uns leben sollte.

Als mein Opa Vladimir, so hieß der Austauschschüler, dann wenig später kennenlernte, klopfte er dem Jungen nur auf die Schultern und sagte: »Hallo, Vladimir, willkommen.« Dann ging er ins Wohnzimmer.

Ich könnte mich heute ohrfeigen, dass ich an diesem Tag nicht verstanden habe, was da in unserer Familie geschah. Was für ein großer Moment das war und was dieser Moment wirklich zu bedeuten hatte.

Wie gerne würde ich heute mit meinem Großvater zusammensitzen und etwas mehr von seinem Leben erfahren.

Mein Großvater war sehr traumatisiert vom Krieg. Er verbrachte die meiste Zeit damit, ab mittags schon mit Kumpels am Kiosk zu stehen und Bier zu trinken. Meiner Mutter war das immer unendlich peinlich. Wenn sie mich von der Schule abholte, wir am Kiosk vorbeimussten und mein

Opa dort stand, dann zog sie mich immer einen Schritt schneller und war innerlich wirklich aufgebracht.

Heute denke ich, wie wäre das Leben wohl verlaufen, wenn meine Mutter damals einfach auch mal die Perspektive geändert hätte? Wenn selbst ich manchmal zu Hause sitze und meinen Lebenslauf schräg finde, wie müssen sich denn dann Menschen fühlen, die einen Krieg miterlebt haben? Aus dieser Perspektive heraus kann man dann vielleicht auch besser nachvollziehen, dass der eigene Vater oder Großvater nach all den Kriegserlebnissen manchmal einfach nur noch am Kiosk stehen mag.

Ich lebe heute in Köln in unmittelbarer Nachbarschaft zu einem Kiosk, er ist quasi direkt vorm Haus, und ich liebe es sehr, manchmal mit Freunden einfach nur davor zu stehen und ein oder auch zwei Kölsch zu trinken. Familie prägt, ob man will oder nicht.

Ich erlebe immer wieder, dass Freunde, die in einer schwierigen Lebenslage sind, mich um Rat fragen und sagen: »Was ist denn nur in meiner Kindheit schiefgelaufen? Ich habe immer das Gefühl, nicht richtig zu sein. Ich habe immer das Gefühl, alles falsch zu machen!«

Und dann kann ich immer nur erwidern: »Es gibt kein Richtig und kein Falsch! Die Dinge sind halt, wie sie sind.«

Diese Erkenntnis war für mich ein absolutes Highlight in meinem Leben, denn auch ich hatte schon mehrfach das Gefühl, nicht richtig zu sein.

Aber es kam ein Tag, an dem ich verstand, dass nicht meine Familie dafür zuständig war, nicht meine Eltern daran schuld waren und auch nicht meine Großeltern zu verantworten hatten, ob ich mich richtig oder falsch fühlte.

Und dieser Tag war im März 2008.
Ich hatte gerade mein Leben als Flugbegleiter begonnen, saß regelmäßig im Jumbojet und schwitzte bei jedem Start mehr als die Passagiere. Ich hatte nämlich schon immer latente Flugangst. Das ging manchmal sogar so weit, dass Passagiere zu mir sagten: »Keine Sorge, das ist ganz normal, alles ist gut!« Mit der Zeit wurde es besser, und ich war fest entschlossen, mir von meiner blöden Flugangst nicht diesen neuen Lebensabschnitt versauen zu lassen. Wenn man sich bedingungslos für einen Weg entscheidet, dann folgt das Schicksal nach. Dieser Spruch hat mir schon oft die Kraft und Energie gegeben, Dinge, die ich erreichen wollte, auch durchzuziehen. Und so war es auch diesmal.

Einer meiner ersten Flüge sollte mich nach Mumbai führen. Indien. Ich war noch nie zuvor dort gewesen, und ich war zutiefst bewegt, als ich meinen Einsatzplan bekam. Ich hauchte es förmlich heraus: »Mumbai, Indien, ich komme.« Meine Flugbegleiterkollegen guckten mich nur an und meinten: »Ach du Scheiße. Mumbai.« Aber ich war überzeugt, ein innerer Weg würde mich dorthin führen, und es würde für mich eine spirituelle Erfahrung der besonderen Art werden. Vielleicht käme ich auch gar nicht wieder. Vielleicht wäre das der Ort, an dem ich richtig wäre. Ich sah mich schon im Sari barfuß auf der Terrasse eines alten, im Kolonialstil erbauten Herrenhauses sitzen, das heute umfunktioniert als Kinderheim dient. Dort sah ich mich sitzen und einen fabelhaften Darjeeling trinken. Ich würde Palmenblatt-Bibliotheken besuchen und endlich eine energetische und spirituelle Heimat finden.

Und so stand ich also an einem Tag im März 2008 an meiner mir zugewiesenen Tür im Flugzeug und erwartete freudig meinen ersten Indienflug.

Ich möchte es kurz machen. Das wurden die schlimmsten acht Stunden meines Lebens. Es war ein echter Kulturschock.

Und auf einmal war ich doch ganz glücklich darüber, in dieser »miesen, blöden Kleinstadt« und in meiner Familie groß geworden zu sein. Einfach weil alles so anders und hektisch war um mich herum.

Nach einer gefühlten Ewigkeit waren wir dann endlich da. In Mumbai. Ich sah nur Menschen, als wir das Flughafengebäude verließen, und bahnte mir irgendwie den Weg zum Crew-Bus, setzte mich und kam dann ganz langsam auch ein wenig an. Mir hat mal jemand gesagt, dass die Seele langsamer reise als der Körper. Und so fühlte ich mich auch an jenem Tag. Ich war zwar körperlich schon da, aber meine Seele, mein Bewusstsein brauchte noch ein bisschen.

In Indien ist es so üblich, dass sich die Crew auf dem Weg ins Hotel einen Absacker gönnt. Man kommt immer nachts an, und der Weg ins Hotel ist recht weit. Und als ich dann auf irgendeiner Straße in Mumbai in diesem Bus fuhr, Menschen schlafend auf den Gehwegen und Autodächern liegen sah, als ich Indien begann wahrzunehmen und als ich dann auf einmal meinen ersten Gin Tonic aus einem Plastikbecher in diesem Bus, auf dieser Straße, in Indien trank, da war meine Seele auch wieder ganz bei mir.

Gegen zwei Uhr morgens endlich erreichten wir unseren Palast. Man kann das Hotel wirklich nicht anders nennen, es war kein Hotel, es war ein Palast. Nach dem Checkin ging es direkt in die Crew-Lounge. Dort trinkt man gewohnheitsmäßig dann noch das ein oder andere Bier. In den Hotels sind meistens mehrere Airline-Crews untergebracht. So auch in unserem Hotel in Mumbai. Eine amerikanische Crew und eine französische waren schon zwei Stunden früher angekommen und somit auch schon seit fast zwei Stunden in der Lounge. Als ich die Lounge betrat, lag gerade eine Stewardess aus der amerikanischen Crew barbusig auf dem Billardtisch und ein Crewmitglied der französischen Crew versuchte, eine Billardkugel in ihrem nackten Dekolleté zu versenken.

Mir fiel in der amerikanischen Crew eine Kollegin ganz besonders auf. Bei amerikanischen Airlines gibt es keine Altersobergrenze. Das heißt, man arbeitet eigentlich, bis man umfällt. Und diese Kollegin, um ehrlich zu sein, war kurz davor. Zum einen war sie sturzbetrunken und zum anderen locker an die 70. Sie sah aus wie Nancy Reagan. Nur dass sie eine Blumenleggins und ein schulterfreies Top trug. Dazu weiße Nikes. Irgendwann machte sie sich auf und verabschiedete sich lauthals: »Bye-bye, Darlings!«

Wir prosteten ihr noch mal zu und sagten wie immer: »And you have a nice flight tomorrow!« Daraufhin drehte sie sich um und sagte: »It won't be nice, it won't be right. It can't be! If you do something without loving it, it will never feel right, darling! And I hate it!« – dann verschwand sie auf ihr Zimmer.

Was um mich herum geschah, nahm ich auf einmal kaum noch wahr. Es wurde gesoffen, geraucht, ich sah mehr nackte Brüste als jemals zuvor in meinem Leben, und doch hatte ich das Gefühl, das irgendetwas ganz Großes passiert war.
»If you do something without loving it, it will never feel right, darling!« WOW.

Und auf einmal sah ich mich wieder als kleinen Jungen in meiner Familie sitzen, mit dem Gedanken, dass ich nicht richtig bin. Ich sah mich in all diesen Situationen meines Lebens, in denen ich das dachte, und ich verstand: Das Einzige, das falsch an mir war, war die Tatsache, dass ich »meine Situationen« nicht liebte, sie nicht wertschätzte.

Meine Eltern gaben mir all das, wozu sie in der Lage waren. Was anderes ging nun mal nicht. Und das lag nicht an mir, das lag nicht an ihnen, sondern einfach an der Natur der Sache.

Es geht um Liebe. Wir denken immer, dass sich Liebe ausgleichen muss. Man möchte genauso viel geliebt werden, wie man selber liebt. Lieben ist aber eigentlich wie pinkeln. Man pinkelt ja auch einfach nur, um zu pinkeln. Stell dir doch mal vor, du bist in der Stadt unterwegs und musst megadringend auf die Toilette. Du findest aber nirgendwo ein WC. Dann endlich findest du eins, und kurz bevor du dir fast in die Hose machst, sitzt du auf dem Pott und kannst ganz in Ruhe pinkeln. Und dieses Gefühl, das du dann hast, das musst du auch in der Liebe haben. Die Liebe fließen und laufen lassen und dich einfach nur an diesem Gefühl erfreuen.

Ich öffnete mir noch eine Dose Bier, sah zu, wie ein Kollege ohne Hose auf dem Billardtisch Macarena tanzte, und dann liebte ich das alles. Ich liebte es einfach und fasste den Entschluss: »Hier, und wo auch immer ich von hier aus hingehen werde, da bin ich ab heute einfach immer richtig.«

Und was, glaubst du, ist das Schlimmste in deinem Leben, das deine Eltern oder deine Familie zu verantworten haben? In welcher Beziehung haben sie dich so richtig versaut?

Und jetzt bedanke dich bei deinen Eltern dafür, denn wäre das nicht geschehen, wärst du heute nicht der, der du bist. Bedanke dich, mach einen Strich drunter und schreibe konkret auf, wie dein weiteres Leben in dieser Beziehung verlaufen soll. Was willst du?

Und jetzt tue es!

KAPITEL 3

so what do u believe?
travelling is my religion
Dada Peng in Had Yai
Ich glaube ja an Gott.
Und ich glaube, es könnte regnen.

Der Gott,
an den ich glaube,
wohnt in Recklinghausen

#GLAUBEN

Es gibt Dinge, die man einfach in sich trägt. Wichtig ist, die eigene Beziehung zum Glauben zu definieren und zu wissen, wo man steht.

Ich hadere immer ein wenig, wenn ich das, woran ich glaube, erklären oder erzählen soll. Lustigerweise ist dieses Gefühl völlig anders, wenn ich in Asien bin. Wir hier im Westen haben oftmals die Einstellung, dass wir so aufgeklärt sind, dass wir Sichtweisen, die uns vielleicht nicht rational genug erscheinen, belächeln dürfen. Das tun viele mit einer so großen Leidenschaft, dass mir oftmals direkt die Lust vergeht, sobald ich auch nur beginne, von meinen Erlebnissen mit Gott oder mit Dingen, für die ich keine Erklärung finde, zu erzählen. Ich denke an Kinder, die sich ähnlich fühlen müssen, wenn sie Erwachsenen etwas erzählen und als unreif abgetan werden. Ähnlich so, wie Behinderte mit mitleidvollen Blicken bedacht werden, erst recht, wenn sie geistige Defizite haben.

Irgendwie habe ich schon immer gespürt, dass es außerhalb dieser mir ganz realen Welt etwas geben muss, was sich vielleicht nicht direkt erklären lässt.

Ich will dieses Gefühl gar nicht haben. Das wollte ich noch nie. Aber es ist da. Von zu

Hause aus bin ich kaum religiös geprägt. Wir sind nie in die Kirche gegangen, es wurde bei uns auch nie gebetet oder über religiöse Themen gesprochen.

Deshalb habe ich mich auch schon oft gefragt, wie es dazu kam, dass ich als Acht- oder Neunjähriger von alleine beschloss, vor dem Einschlafen abends zu beten.
Ich habe einfach irgendwann damit angefangen. Es war wie ein Zwiegespräch mit Gott, kein Vaterunser oder so, sondern ein ganz normales Gespräch.

Es muss wohl Dinge geben, die man einfach in sich trägt. Heute bete ich nur noch selten. Aber diesen lebendigen Dialog gibt es noch immer.

Im Laufe der Jahre habe ich sehr oft versucht, mich an eine Religion dranzuhängen, mich durch sie definieren zu können. Während meiner Highschool-Zeit in Amerika bin ich unverhofft auf einer christlichen Privatschule gelandet und war nach meiner Zeit dort auch zurück in Deutschland in einer baptistischen Gemeinde aktiv. Die Gemeindemitglieder dort nahmen aber mein Coming-out als Homosexueller nicht ganz so locker auf wie meine Mutter. Nachdem ich einige Menschen dort ins Vertrauen gezogen hatte, war eines meiner schönsten Erlebnisse dort, als ich zu meinem 19. Geburtstag von der Tochter des Pastors meine eigene Todesanzeige geschenkt bekam. Sie wollte mich halt ein wenig wachrütteln, sagte sie später. Und irgendwie hat sie das auch getan. Denn ich wusste, das kommt nicht von Gott.

Und so begann ich, mich nach anderen Glaubensrichtungen umzusehen, Gemeinschaften, in denen sexuelle Ausrichtung oder auch das Geschlecht an und für sich keine Rolle spielen. Und das ist nicht gerade einfach. In der jüdischen Gemeinde, die ich mit einer Freundin besuchen wollte, wurde diese erst mal auf die Empore verbannt. Da war unser Besuch schon beendet, bevor er begonnen hatte. Bei den Hare Krishnas in Köln-Kalk sollte ich dann irgendwann im Vorgarten barfuß um ein Feuer tanzen, das war auch nicht meins. Und wenn in meinem Leben etwas nicht zu funktionieren scheint, dann lass ich es gerne einfach sein.

So beschloss ich, nicht weiter eine Gemeinschaft zu suchen, sondern diesen Dialog, den ich als Kind begonnen hatte, einfach wieder aufzunehmen. Durch Essen, Schmecken, Denken, Singen, Fühlen und durch Reisen.

Meine erste längere und größere Reise führte mich nach Thailand, wo ich ganz im Süden in der Nähe von Had Yai an einem Workcamp teilnahm. Had Yai liegt an der Grenze zu Malaysia, und wir waren insgesamt ca. 25 junge Leute aus der ganzen Welt, die dort Kindern Englisch beibringen wollten.

Ich hatte damals ganze sechs Wochen drehfrei und zog alleine mit meinem Rucksack los. Das war bis zu diesem Zeitpunkt eines der größten Abenteuer meines Lebens. Es klingt vielleicht banal, aber hierzu müsst ihr wissen, dass ich, sobald sich mir auch nur eine Wespe nähert, egal, wo es auch ist, aufspringe und ziemlich hysterisch werde.

Ich hatte mir Gott sei Dank zuvor nicht allzu viele Gedanken gemacht, auch nicht darüber, dass dieses Camp sich in einem Naturschutzgebiet befinden würde. Duschen unter einem Wasserfall, dachte ich nur, traumhaft! Als ich dann im Camp, das sich im tiefsten Urwald befand, ankam, wollte ich gerne als Erstes zum nächsten Büdchen, um mir ein Moskitonetz zu kaufen. »Ach, das kaufe ich alles vor Ort«, hatte ich noch in Deutschland großkotzig erzählt. »Das schleppe ich doch nicht alles mit.«
Doch das nächste »Büdchen« war dann 67 Kilometer entfernt, sodass ich die erste Nacht komplett ohne Moskitonetz auskommen musste. Das stellte sich dann wiederum als etwas schwierig heraus, als wir alle gegen 21 Uhr völlig platt von der ersten Gemeinschaftsbesprechung wieder in den Schlafsaal kamen. Dieser war nämlich komplett offen, hatte also keinerlei Fenster und Türen, und jemand hatte beim Verlassen des Saals vergessen, das Licht auszumachen. Und nun hörte es sich dort ungefähr so an, als würde jemand mit einem Moped außen um das Gebäude

herumfahren. Es waren aber nur ca. 2.000 Insekten, die unter der Zimmerdecke um das leuchtende Licht herumschwirrten.

Bitte frag mich nicht, wie ich diese Nacht und diese Wochen überlebt habe. Aber es ging! Was meine unglückliche Beziehung zu Insekten angeht, war meine Reise kein dauerhafter Erfolg, aber ich war zum ersten Mal bewusst einer für mich grenzwertigen Situation ausgesetzt, die mich zwang, meine westliche Sichtweise ein wenig zurechtzurücken.

Aber nun zurück zu dem Thema dieses Kapitels: Glauben. Am Wochenende gab es während meiner Zeit in Had Yai meistens Ausflüge, mal in die Stadt, mal ins Landesinnere. Dabei verbrachten wir auch eine Nacht in einem buddhistischen Kloster. Eine ganz einfache Anlage. Duschen gab es nicht, man musste mit einem Holzkübel aus einem Wasserbehälter Wasser schöpfen und sich dann damit übergießen, wenn man sauber werden wollte. Geschlafen wurde auf einer Matte auf dem Boden.

Interessant fand ich, dass keinerlei missionarische Tätigkeit von den dort lebenden Mönchen auf uns einprasselte. Auch der Leiter des Camps hatte ideologisch gesehen kein Interesse daran, uns die Welt des Buddhismus näherzubringen. Es war lediglich eine günstige Übernachtungsmöglichkeit.

Eines Abends erzählte uns der Campleiter dann von der Entstehung des Klosters und davon, dass der oberste Mönch gerade erst aus einer mehrere Wochen andauernden Meditation »erwacht« sei. Viele schmunzelten und taten dies ungläubig ab. Ich zunächst auch. Doch dann wollte ich es genauer wissen und fragte nach. Ich bekam die Auskunft, es sei das Normalste der Welt, dass buddhistische Mönche über 12 Wochen in kompletter Meditation verbringen, keinen Schlaf bekommen, nichts essen und einfach nur dasitzen. Der Campleiter lachte über meinen irritierten Blick und sagte: »Wenn du magst, frag ihn doch selbst. Er ist zwar noch etwas schwach, aber er sitzt da vorne ...«

Genau das tat ich dann auch. Und dann saß er da, ein ganz einfacher Mensch, er sah aus wie alle anderen Mönche in diesem Kloster. Er saß einfach da und aß Reis. Wie ein Scharlatan sah er nicht aus, wie ein wirklich super spiritueller Mensch allerdings auch nicht. Ich sagte kurz Hallo, und dann fragte ich ihn: »Wie war denn das, 12 Wochen einfach nur zu meditieren?« Und ich erwartete jetzt natürlich einen Vortrag, wie wunderbar es gewesen sei, wie erleuchtend und wie nah er bei Gott war oder irgendwie so etwas. Aber er sah mich nur an und sagte: »Ganz ehrlich, ich würde es nicht noch mal machen.«

Und von einer Sekunde auf die andere war meine anfängliche westliche Arroganz verschwunden, und ich verstand. Das ist hier ganz normal. Ich glaubte ihm. All meine Zweifel waren auf einmal verschwunden, und ich kann heute noch voller Überzeugung sagen: Ja, dieser Mensch hat 12 Wochen einfach nur in Meditation verbracht. Für mich der Beweis, dass es Dinge gibt, die wir in unserer Realität hier nicht kennen und die trotzdem real sind wie ein iPhone oder ein Flug zum Mond.

Seit diesem Erlebnis in dem buddhistischen Kloster konnte ich mich auf viele neue Sachen einlassen. Ich würde mich heute weder als religiös noch als esoterisch bezeichnen, auch kann ich mich noch immer nicht einer Glaubensgemeinschaft zuordnen, aber ich habe einen Weg, meinen persönlichen Weg gefunden, diesen Dialog mit Buddha, Krishna, dem Gott aus Recklinghausen, dem Universum, wie auch immer du es nennen willst, zu führen. Und ich habe nicht mehr diese Arroganz, dass es das, was ich nicht verstehe, auch nicht gibt und dass sich der Rest der Welt meiner Sichtweise unterordnen muss.

Ich bin mittlerweile sicher, dass es völlig egal ist, woran wir glauben, ob man überhaupt glaubt bzw. wie sich das im Alltag gestaltet. Ich glaube, dass es sehr wichtig ist, dass man seine eigene Beziehung zum Glauben definiert und dass man für sich persönlich weiß, wo man steht und wie man sein Leben in Bezug auf diesen Standpunkt gestalten will. Und wichtig: dass man es dann auch tut.

Ob man an Steine glaubt, an Wiedergeburt, an Jesus oder daran, dass all das nicht existiert. Es gibt einfach nur Überzeugungen, die aus dem persönlichen Erleben heraus gewachsen sind. Die große Herausforderung ist nicht, die richtige Überzeugung zu finden, sondern so klar und so eins mit seinem eigenen Standpunkt zu sein, dass man alle anderen gleichberechtigt daneben stehen lassen kann. Und das, ohne Angst haben zu müssen, der eigene Standpunkt würde dadurch an Wertigkeit und Wahrheit verlieren.

Alles, woran ich heute glaube, habe ich erlebt. Ich glaube an keinen einzigen Glaubenssatz, den ich nicht intellektuell begreifen und auch emotional empfinden kann. Wenn ich nicht erkennen kann, dass dies oder jenes eine Sünde ist, dann glaube ich das auch nicht. Wenn ich nicht verstehen kann, warum gewisse Schriften so oder so ausgelegt werden, dann glaube ich auch nicht daran. Und wenn ich einen Menschen sehe, und ich habe das Gefühl, dieser Mensch ist nicht von dieser Welt, dann glaube ich auch daran, dass er nicht von dieser Welt ist. Und genau das macht mich frei.

Gibt es Glaubenssätze, die du schon immer mit dir trägst, die du aber eigentlich am liebsten loswerden würdest, die du nicht von ganzem Herzen laut rufen kannst?

Vergiss doch nun einfach mal alle vorgefertigten Glaubensbekenntnisse und schreibe hier dein ganz persönliches, eines, dem du emotional und intellektuell vom ersten bis zum letzten Wort zustimmen kannst.

KAPITEL 4

GEN
ERA
TION
X
BRD
iPhone
Stereo!
Cola
WendeDDR
Dolby Surround
Freiheit
Beyonca vs. Lady Gaga
RTL

Generation X

#GESELL-SCHAFT

Ich erlebe gerade mein persönliches kleines Wunder. Ein echtes, unübersehbares und vor Jahrzehnten kaum vorstellbares Wunder. Ich sitze in meinem Wohnzimmer und schrei-
b [illegible] Buches per Bluetooth-Tastatur
a [illegible] e gleich abspei-
[illegible] enn ich dann in
[illegible] nn ich dort ein-
[illegible] n arbeiten. Es ist
[illegible] vor mir mit einem
[illegible] and auf dem Dis-
[illegible] ür mich ausmacht.
[illegible] elektrischen Strom
[illegible] wie das funktioniert.
[illegible] Menschen.

Was wir in unserer Generation bereits an technischen Erneuerungen und Veränderungen erleben konnten, übersteigt bei Weitem den Fortschritt aller Generationen vor uns. Und wer kann sich vorstellen, wie und in welcher Geschwindigkeit diese Entwicklung weitergeht?

Wir können uns nun die Frage stellen: Ist das nun ein Fluch oder ein Segen? Leben wir in einer Zeit, die voller guter Möglichkeiten ist, oder in einer, die uns vom Eigentlichen, vom Wesentlichen entfernt. Einer Zeit, die Technik und Wirtschaft in den Mittelpunkt stellt und in der der

Mensch einfach nur noch zu funktionieren hat?

Die Gesellschaft, das politische System und die Generation, in die wir hineingeboren werden, sind ein ganz entscheidendes Schicksal. Eines, das man zunächst kaum begreift und das man als Einzelner nur sehr schwer und unter enormer Energie verändern und gestalten kann.

Jede Generation, jede Epoche hat ihre eigenen Herausforderungen, ihre ganz eigenen Schicksale und historischen Momente.

In diesem Kapitel wollen wir uns genau damit beschäftigen. Ich muss ehrlich gestehen, dass ich – wie viele andere –, insbesondere wenn ich dieses Thema global betrachte, an meine Grenzen stoße. Viele Dinge erscheinen mir unmenschlich, ungerecht und perfide. Einem hungernden Kind beispielsweise dieses Buch mit dem Titel »Scheiß aufs Schicksal« mit auf den Weg zu geben, ist definitiv völlig absurd.

So gibt es sehr viele Menschen, darunter auch Freunde von mir, denen ich nur sehr vorsichtig mit meiner »Das Glas ist immer halbvoll«-Mentalität begegnen kann. Einem Asylbewerber, der dem Kriegsirrsinn in seiner Heimat entkommen ist und dann nach einer Odyssee in der absoluten Fremde ankommt und in einem alten Baumarkt untergebracht wird, zu sagen: »Über dein Glück entscheidest du«, fällt auch mir nicht leicht. Und doch glaube ich, dass diese Formel, diese Lebenseinstellung in jeder Gesellschaftsform, in jedem politischen System und zu jeder Zeit funktionieren kann. Nach dem Tod meines Vaters bin ich für vier Wochen alleine mit dem Rucksack durch Thailand gereist. Unter anderem wollte ich auch auf die Insel Kho Pi Pi. Nachdem ich mich im örtlichen Reisebüro auf Thai habe fachmännisch beraten lassen, dachte ich, ich hätte ein Speedboot von Phuket aus gebucht. Die Fahrt würde also keine zwei Stunden dauern.

Letztendlich war ich dann auf einem Kutter unterwegs, der gefühlte acht Stunden brauchte und auf dem ich auf hoher See dann doch das ein oder andere Mal die Reling küssen musste. Schon die Ankunft war super. Ich hatte bei der Buchung verstanden, es sollte einen »Willkommens-Cocktail« geben. Was ich bekam, war ein wiederverwendbarer Plastikbecher, dessen Rand noch die Bissspuren meiner Vorgänger zeigte. Wahrscheinlich war es Kindern auf den Fahrten zuvor so langweilig gewesen, dass sie nichts anderes tun wollten, als den Rand der Becher zu zerkauen. Das Getränk in dem Becher war undefinierbar, und meine Laune geriet auf den Nullpunkt. Ich setzte mich an einen

besonderen Platz direkt an die Reling und versuchte, trotz der Umstände die Überfahrt irgendwie zu genießen. Ich wunderte mich ein wenig, dass die Plätze neben mir alle frei blieben, bis sich der Kutter dann endlich in Bewegung setzte. Als er langsam Fahrt aufnahm und das stinkende Hafenbecken verließ, platschte uns auf einmal eine Welle entgegen und mir direkt ins Gesicht. Ich dachte wirklich, ich müsste sterben! Schon als kleines Kind war ich sehr empfindlich, was solche Überraschungen angeht. Und überhaupt: Im Urlaub bin ich ohne Badelatschen nie unter die Dusche gegangen, ins Meer nur, wenn das Wasser glasklar war, ich war also diesbezüglich sehr viel anders als andere Kinder.
Jetzt saß ich da, klatschnass, mit meinem Begrüßungscocktail im Plastikbecher in der Hand und musste diese Situation einfach nur ertragen. An jedem anderen Ort hätte ich losgeschrien, mich in Desinfektionsmittel gelegt, und wahrscheinlich hätte ich sogar geheult. Aber genau das ging jetzt gerade nicht. Ich war quasi gezwungen, mich mit meiner Situation abzufinden, und begann, die Menschen um mich herum zu beobachten.

Wir fuhren auf dem Kutter an Häusern entlang, die direkt am Wasser lagen. Kinder spielten im Wasser, winkten mir zu, lachten. Die anderen, zumeist einheimischen anderen Gäste auf dem Boot waren vergnügt, tranken aus den an-

geknabberten Bechern und schienen die Fahrt sichtlich zu genießen.
Ich übertrug das, was ich sah, auf meine eigene Kindheit und muss sagen, es wäre unvorstellbar gewesen, dass ich in diesem Wasser gespielt, und eigentlich auch, dass meine Mutter mir das überhaupt erlaubt hätte.

Auf dieser Fahrt begriff ich, dass äußere Umstände immer relativ von Zeit, Ort und Situation sind. Und dann gelang es mir tatsächlich, mich zu entspannen.

Und auf dieser Reise habe ich noch einiges erlebt, das mein Leben nachhaltig verändert hat. Allerdings war diese Situation auf dem Kutter eine der ersten in meinem Leben, in der ich verstand, dass Glück nicht gleichzusetzen ist mit Wohlstand und Besitz, beruflichem Erfolg und sozialem Status. Ich bin sicher bzw. habe gelernt, dass man die eigenen Rahmenbedingungen für ein glückliches, ein zufriedenes Leben definieren und den Rest dahingehend selbst ausrichten muss.

Die beiden wichtigsten gesellschaftlichen Werte, die ich in meinem Leben niemals missen möchte, sind Freiheit und Frieden. Solange ich in Freiheit und Frieden leben kann, so lange werde ich den Rest meines Lebens gestalten können und ein tiefes Glück empfinden. Davon bin ich fest überzeugt.

Das bedeutet ganz praktisch, dass ich in Situationen, in denen ich wieder mal eine Welle dreckigen Wassers ins Gesicht bekomme, mich auf diese Haltung besinne und mir der Satz ins Gedächtnis kommt: »Ich bin frei und lebe in Frieden.« So ist eigentlich alles gut. Und es könnte ja vielleicht jeder von uns seine eigenen zwei Dinge im Leben haben, die ihm am wichtigsten sind und die er immer mit sich tragen will, immer dabeihaben möchte.

Es gibt wirklich kaum Dinge, verpasste Momente in meinem Leben, die ich bereue oder in denen ich mir wünsche, anders gehandelt zu haben. Doch eine Situation macht mich immer noch nachdenklich, und zwar, dass ich beim Fall der Mauer als 15-Jähriger nicht realisiert habe, was für eine großartige Sache da in Berlin passiert. Dass ich in der Nacht auf den 9. November 1989 nicht selbst auch auf der Berliner Mauer gestanden habe, das ist etwas, das ich heute als verpasste Chance betrachte.
Als Kind war ich oft mit meinen Eltern in Eberswalde bei unseren Verwandten und kenne die ehemalige DDR in erster Linie als ein Gefühl. Ich erinnere mich an den Geruch und die Stimmung, erinnere mich daran, mit großen Augen Kriegsschäden angeschaut zu haben. Ich weiß noch genau, wie gastfreundlich wir stets aufgenommen wurden und was für eine Aufregung immer herrschte, wenn wir zu Besuch kamen. Und ich kann diese »Ostalgie«, die viele

Menschen aus den neuen Bundesländern heute empfinden, sehr gut nachvollziehen. Es ist die Erinnerung an die Heimat, es ist die Erinnerung an das, was nicht mehr ist. An das Vergangene.

Wenn ich heute an Helmstedt, der alten Grenze, vorbeifahre, dann spüre ich deutlich, was für eine große Kraft der Wunsch nach Freiheit damals gewesen sein muss und dass beides – Heimatgefühl und Freiheit – nebeneinander existieren kann.
Helmstedt war für mich früher als Kind immer ein Schreckensort. Als ich fünf Jahre alt war, fuhren wir, meine Eltern, mein Bruder, meine Großeltern und ich, zum ersten Mal nach Eberswalde. Wir Kinder wurden schon Kilometer vor der Grenze geimpft, uns schlafend zu stellen und keinen Mucks von uns zu geben. Als wir die Grenze dann erreichten und die Flutlichtstrahler alles grell erleuchteten, hatte ich schon als Kind eine leise Ahnung davon, wie es sein könnte, nicht frei zu sein, auch wenn ich es damals noch nicht so formulieren konnte.

Eine besondere Geschichte von diesen Reisen ist mir lebhaft in Erinnerung: Als wir uns bereits in die Autoschlange zur Passkontrolle eingereiht hatten, machte meine Oma das Handschuhfach auf, um die Pässe rauszuholen. Sie öffnete die Klappe, und ihr fiel eine Musikkassette in den

Schoß. Alle blickten sich wie versteinert an. Ich verstand zunächst die Aufregung nicht. Doch dann musste alles ganz schnell gehen. »Die Kassette dürfen die Grenzer nicht finden, sonst sind wir dran!«, hieß es sofort. Ich glaube, meine Oma hat sich die Kassette dann tatsächlich blitzschnell in den BH gestopft. Und dann waren auch wir schon dran. Der Grenzer kontrollierte die Pässe.

Mein Opa war eigentlich immer ein sehr ruhiger und besonnener Mensch gewesen, doch in diesem Moment merkte man ihm seine Anspannung sehr deutlich an. Er öffnete die Tür des Autos, ohne überhaupt zum Aussteigen aufgefordert worden zu sein. Der Grenzbeamte wies ihn an, im Auto sitzen zu bleiben, und nach ein paar Minuten gab er uns die Pässe zurück. Gerade als er uns weiterfahren lassen wollte, schlug mein Opa die noch immer geöffnete Fahrertür zu. Unglücklicherweise hatte der Beamte noch seine Finger dazwischen. Wir hörten nur einen lauten Schrei und wurden dann auch prompt an die Seite gewunken. Unser Wagen wurde komplett auseinandergenommen. Frikadellen, die wir als Proviant dabeihatten, wurden zerbröselt, um zu kontrollieren, ob wir etwas darin versteckt hatten. Im Kartoffelsalat wurde gerührt, und alle Reifen des Wagens wurden abgenommen. Ich weiß bis heute nicht, wie wir wieder loskamen, ohne dass die Kassette im BH meiner Oma gefunden wurde, aber nach drei oder vier Stunden konnten wir dann endlich weiterfahren.

Glück ist nicht gleichzusetzen mit Wohlstand und Besitz, beruflichem Erfolg und sozialem Status.

Das zum Thema Freiheit und Frieden. Ich bin meinem Schicksal sehr dankbar, dass ich in einer Gesellschaft, in einem politischen System lebe, in dem ich solche Erfahrungen nicht mehr machen muss.

Bleibt die Frage: Was tun wir mit all den gesellschaftlichen Themen, mit denen wir nicht zufrieden und glücklich sind? Die wir so nicht akzeptieren mögen oder können?
Ein Beispiel: Als Ende Oktober der Hooligan-Aufmarsch in Köln stattfand, war ich wirklich zum ersten Mal seit langer Zeit fassungslos. Das geschieht ja in meiner Stadt. Das geschieht auf meinen Straßen. Das passiert heute, zu meiner Zeit.
Gleichzeitig machen mich auch die derzeit religiös motivierten Morde und Anschläge weltweit ziemlich ratlos. Jegliche Form von Gewalt empfinde ich einfach als nicht zielführend. Ich schwanke zwischen »Ich muss was unternehmen« und »Die sollen sich einfach gegenseitig umbringen, ist mir egal«. Doch als ich diese Horde von betrunkenen und völlig außer Kontrolle geratenen Menschen mit eigenen Augen in Köln gesehen

habe, da gab es allerdings kein Schwanken mehr. Es gab die Option nicht mehr, einfach wegzusehen.
Kurze Zeit später saß ich mit Freunden zusammen, mit denen ich in unmittelbarer Nähe wohne, und wir bemerkten, dass ein jeder von uns aus ganz unterschiedlichen Gründen von rechts orientierten Menschen diskriminiert und verfolgt werden könnte. In unserer Runde gab es Menschen ganz unterschiedlicher Herkunft und Hautfarbe, sexueller Orientierung und Religion. Was gibt es also jetzt für uns zu tun, um unsere Lebensart, unsere Freiheit und unseren Frieden zu bewahren, ihn zu verteidigen?
Ein Zitat von Franz von Assisi begleitet mich schon seit meiner frühesten Jugend: »Du kannst mit deinem Leben ein besseres Zeugnis ablegen als mit deinen Lippen.« Das bedeutet für mich, dass es darauf ankommt, einzig und allein auf die eigene persönliche Einstellung zu achten. Darauf, dass ich meine Lebensweise so verändere und so gestalte, wie ich sie mir auch von anderen wünsche. Es kommt darauf an, dass ich »Zeugnis darüber ablege«, wie ich in einer globalen, multikulturellen Gesellschaft leben kann und möchte.

Und so können wir nur an unseren uns wichtigen Werten festhalten, sie fördern und anderen Menschen gleichermaßen das Recht eingestehen, dass sie dasselbe mit ihren Werten tun. Selbst dann und vor allem dann, wenn wir mit ihrer Sicht der Dinge nicht übereinstimmen. Die wichtigste Waffe, das mächtigste Schwert ist und bleibt das Wort. Ein persönliches Gespräch, ein Kennenlernen der Gegenseite, mit dem Ziel, mir Fremdes in etwas mir Bekanntes zu verwandeln, das sind meine ganz persönlichen Mittel des Widerstands. Ich weigere mich nachhaltig, in immer wiederkehrende Denkmuster zu verfallen, beispielsweise zu denken, dass die Herkunft eines anderen Menschen für mich von Bedeutung sei. Meine eigene Herkunft ist wichtig, für mich persönlich. Ansonsten sind Entfernungen und Distanzen absolut relativ.

Ein feindliches Denken funktioniert auch nur so lange, bis eine größere Bedrohung auftaucht, die dann beide streitenden Parteien betrifft. Familien halten auf einmal zusammen, wenn sie durch eine Umweltkatastrophe oder Ähnliches bedroht werden, Städte halten auf einmal zusammen, wenn in ihrer Region etwas nicht rundläuft. Völker und Länder verbünden sich, wenn eine vermeintlich größere, bedrohliche Macht auftaucht. Ich freue mich schon darauf, wenn eines Tages das erste Ufo auf der Erde landet. Ich denke, dass dann ganz schnell Konflikte, die seit Jahrhunderten bestehen, bereinigt werden können.

Die meisten von uns gehören noch zu der Generation, die sich daran erinnern kann, wie man nach Hause kam und als Erstes gefragt hat: »Hat jemand für mich angerufen?« Einen Satz, den man so wohl kaum noch hören wird. Jetzt gerade erleben wir Geschichte und sind ein Teil von ihr. Jede Generation kämpft um ganz unterschiedliche Dinge, mit ganz unterschiedlichen Mitteln, aber die Mechanismen dahinter sind seit Jahrtausenden gleich. Sie werden es auch so lange bleiben, bis wir beginnen, diese Umgangsformen zu hinterfragen, bis wir einfach mal anhalten und versuchen, neue Wege zu gehen. Immer mal wieder erscheinen Menschen auf der geschichtlichen Leinwand und versuchen genau das zu tun. Mal mit mehr, mal mit weniger Erfolg. Und genau da können wir auch beginnen, in unserem kleinen, ganz privaten Umfeld. Jeder von uns kann in gewissen Bereichen ein Ghandi, ein Jesus, ein Dalai Lama sein. Jeder kann natürlich auch ein Despot oder ein Diktator sein, es liegt ganz bei uns. Doch ein kleiner Stein kann große Wellen schlagen, das ist ein ganz einfaches Naturgesetz.

Und wenn du in deinem Leben begleitende, gesellschaftliche Umstände als erdrückend, als nicht ertragbar empfindest, wenn du wütend über gewisse Zustände bist, auch wenn du dich ohnmächtig fühlst gegenüber einer Staatsgewalt oder einer Institution, beginne einfach damit, selbst Wellen zu schlagen. »Lege Zeugnis ab«, und das am besten ganz ohne Worte, einfach nur dadurch, dass du so bist, wie du sein möchtest. Indem du anderen das anbietest, was du gerne hättest. Das sind ganz einfache Handlungsweisen, die auf der ganzen Welt und zu jeder Zeit funktionieren.

Welche zwei gesellschaftlichen Werte gibt es in deinem Leben, die du an einem jeden Tag für den Rest deines Lebens erleben möchtest? Was bedeuten diese Werte für dich ganz konkret?

Und was tust du, was kannst du tun, um diese Werte zu erhalten, damit sie dich weiterhin begleiten können? Wie sieht der kleinste Schritt aus, den du gehen kann, wie der größte?

KAPITEL 5

the essence
of beauty
is in Rio
Tokyo &
Los Angeles
different
but the same:
KEEP
CALM
AND
SHINE OUT
LOUD

The Wanderer

#KÖRPER UND CHARAKTER

Die Notwendigkeit und damit Aufgabe, sich mit seiner Verwandtschaft abzufinden, bleibt wahrscheinlich ein immerwährender Prozess. Ganz im Gegensatz zum Thema dieses Kapitels scheint mir jedoch das Tolerieren von Marotten und Eigenarten anderer noch recht einfach zu sein.

Schwieriger ist es doch eigentlich, sich selbst zu akzeptieren, wo wir jeden Makel an uns sehr genau kennen. Ob wir wollen oder nicht. Wir bemerken jeden einzelnen schlechten Gedanken, den wir fassen, und jeden noch so kleinen Pickel, den niemand außer uns sieht.

Und bei allem, was wir über uns wissen, sollen wir uns lieben und annehmen.
Wie soll das gehen?

Kommen wir zunächst auf Äußerliches.
Dazu ein Beispiel: Tine Wittler schreibt in ihrem Buch »Wer schön sein will, muss reisen«, dass ihre Erscheinung in anderen Kulturkreisen als »schön« angesehen wird. Tine Wittler als Schönheitsideal? Das ist in meinen Augen irgendwie ein besonders interessanter Perspektivenwechsel.

Selbst ein wenig nachempfinden konnte ich das allerdings erst, als ich in Thailand eines Nachts nicht schlafen konnte und thailändisches Fernsehen schaute. Werbung ist ja immer ganz wunderbar dazu geeignet, einen Einblick in die Gesellschaft eines Landes zu bekommen. Und so sah ich manchmal stundenlang Werbung auf meinen Reisen, auch ohne die Landessprache wirklich zu verstehen.

Um bei dem konkreten Beispiel zu bleiben: Ich war noch kurz vor dem Abflug auf der Sonnenbank gewesen. Es war ein total verregneter Sommer, und ich bildete mir ein, dass ich mit ein wenig Farbe im Gesicht frischer und besser aussehen und mich damit besser fühlen würde.

Und als ich dann mit meiner Prollo-Toaster-Bräune vor dem Fernseher saß, kamen witzigerweise immer wieder Werbespots für Bleaching-Cremes, die einem eine schicke helle Hautfarbe verleihen sollen. Asiatische, fast schon weiß aussehende Mädchen und Jungen strahlten glücklich und zufrieden in die Kamera. Die etwas dunkleren Models dagegen standen daneben und beäugten neidisch diese »Michael-Jackson-Doubles«.
Das fand ich wirklich skurril. Wir hier im Westen legen uns auf eine Sonnenbank, um attraktiver zu werden, und in Thailand ätzen sich die Menschen die Hautfarbe weg, mit dem Ziel, chic weiß zu sein.

Schönheit ist damit wirklich relativ und von Kultur zu Kultur unterschiedlich.

Da interessiert einen doch die Antwort auf die Frage: Wer bestimmt eigentlich, was schön ist und was nicht? Reagiert die Werbung in Asien nur darauf, dass die Menschen vor Ort »weißer« sein möchten, oder wollen alle weiß sein, weil sie tagtäglich in der Werbung ausschließlich hellhäutige, glückliche Menschen sehen?

Sich von äußeren Einflüssen frei zu machen, ist in unserer medialen Welt fast nicht möglich, denke ich. Aber es tut ganz gut, sich einfach einmal nur hinzusetzen, in sich hineinzufühlen und sich zu fragen: Was denke, was glaube ich wirklich? Was bedeutet für mich persönlich z. B. »Schönheit«?

Ich finde es immer sehr bemerkenswert, wenn Freundinnen mir erzählen, dass sie bei ihrem Partner einen kleinen Bauch sehr gemütlich finden. Sie selbst aber hungern sich tatsächlich jedes Stück Schokolade direkt wieder ab und sind oftmals mehr als unzufrieden mit ihrem äußeren Erscheinungsbild.

Uns alle verbindet – und davon kann sich kaum jemand freisprechen –, dass es gewisse Schönheitsideale gibt, denen wir hinterherjagen und deren Standards wir erfüllen wollen.

Wir teilen unser komplettes Leben auf Facebook und anderen sozialen Netzwerken, indem wir Fotos und Selfies posten, auf denen wir besonders gut aussehen, auf denen wir glücklich sind und einen besonders attraktiven Eindruck bei den Betrachtern hinterlassen.

Viele von uns daten sich mit Menschen, die sie zuvor nur über ein Foto im Internet »kennengelernt« haben. Von denen sie weder Stimme noch Gestik noch Körperhaltung oder Sprache kennen. Und wenn wir diese Menschen dann kennenlernen, bemerken wir erst, dass genau diese Dinge aber einen ganz wesentlich Teil dazu beitragen, ob wir jemanden attraktiv finden oder nicht.

Und bei uns selbst versuchen wir, die Attraktivität in erster Linie durch die Veränderung unseres Körpers zu steigern. Wie oft ich schon von Freunden gehört und auch selbst gedacht habe: »Ich bin zu dick.« Noch nie habe ich jemanden sagen hören: »Ich bin zu dumm« oder »Ich bin zu laut« oder etwas in der Art.

Mein Bruder hat mir mal eine lustige Geschichte erzählt, die sich ereignete, als er mit seiner Exfrau im Kino war. Sie wollten »Grease« ansehen, das Musical mit John Travolta und Olivia Newton-John.
Mein Bruder und seine Exfrau saßen weit vorne und freuten sich auf die Vorstellung, als eine Gruppe großer, muskelbepackter, langbärtiger Männer den Kinosaal betrat. Sie sahen aus wie eine »Bikergang« und setzten sich direkt

in die Reihe vor meinen Bruder und seine Exfrau. Kurz: Sie wirkten irgendwie deplatziert an diesem Ort und in diesem Moment.

Mein Bruder sagte wohl noch so was wie: »Die haben sich sicherlich verlaufen, sind doch bestimmt im falschen Film!«, als einer der Biker seinen Nachbarn ansah und mit einer hohen und nasalen Stimme sagte: »Oh mein Gott, ich bin so aufgeregt! Ich liiiebe Olivia Newton-John, ich lieeeeeebe sie!«

Wie dieses Beispiel zeigt, hängt die Wahrnehmung einer Person und ihres Charakters also in erster Linie von der Art ihrer Persönlichkeit und ihres Auftretens ab. Warum beurteilen wir Menschen also so sehr nach äußerlichen Kriterien?

Ich erinnere mich gut daran, dass meine Mutter mich als Kind immer an der Hand nahm, wenn wir bei uns im Dorf einkauften. Und wir beide hatten so eine unausgesprochene Abmachung, dass sie mir dann, wenn jemand sehr lustig aussah, die Hand drückte und leise flüsterte: »Guck mal ...«

Und heute denke ich natürlich jedes Mal, wenn eine Mutter mir mit ihrem Kind an der Hand entgegenkommt, dass sie gleich seine Hand drückt und die beiden aus irgendeinem Grund auch über mich lachen werden.

Ich glaube, jeder kennt das: dieses Gefühl, als hätte einem ein Vogel auf die Schulter geschissen, und man selbst ist der Einzige, der das nicht mitbekommen hat.

Um eben dieses Gefühl zu überwinden oder es gar nicht erst aufkommen zu lassen, versuchen wir u. a. natürlich auch, unser Äußeres der gängigen gesellschaftlichen Norm anzupassen, es vielleicht sogar künstlich zu verändern, in den eigenen Augen zu optimieren.
Ich bezweifele, dass Menschen in großer Armut, in einer Hungersnot oder im Krieg in Betracht ziehen würden, sich die Lippen aufspritzen zu lassen. Also alles wieder mal eine Marotte unserer westlichen Wohlstandswelt. Und dann bin ich sicher, es geht uns einfach nur zu gut. Vielleicht haben wir zu wenig existenzielle Not und begrenzen deshalb unsere Aufmerksamkeit gern auf Äußerlichkeiten.

Also was können wir tun, wenn wir uns in unserem Körper einfach nicht wohlfühlen, wenn wir uns selbst nicht schön finden? Ich erwähnte ja bereits diese schlimmen Spiegel in den Umkleiden, die einen selten im besten Licht erscheinen lassen.

Die Lösung kann nur im Kopf stattfinden. Wir müssen beginnen, anders zu denken. Und wir müssen darin sehr konsequent sein. Ich glaube beispielsweise, dass jede Diät hilft. Man muss sie nur machen, sie auch wirklich durchziehen.

Doch nicht nur Äußerlichkeiten müssen wir akzeptieren, sondern – noch viel schwieriger – auch unsere Charaktereigenschaften und Veranlagungen.

Wie bereits erwähnt, bemerkte ich recht früh, dass mein Leben nicht unbedingt so verlaufen würde, wie ich es eigentlich geplant hatte.

Noch bis vor Kurzem fragte ich mich: Warum kann ich nicht einfach irgendeinen Partner finden, Flugbegleiter bleiben und in Dortmund für immer glücklich in einem Reihenhaus leben? Wieso klappt das alles bei mir nicht? Mit mir selbst zu leben und klarzukommen, ist ein Lernprozess. Und ich muss immer damit rechnen, dass ich in fünf Jahren alles umwerfe und eine Würstchenbude in Spanien aufmache oder auf irgendeine andere verrückte Idee komme. Was hier einfach deutlich machen soll, dass ich so bin, wie ich bin. Wenn ich alle Bewertungen von außen ignoriere, dann weiß ich aber, dass mir dieses Leben, so wie ich es gerade lebe, entspricht und ich es eigentlich auch genau so haben will. Auch ohne Reihenhaus und mit all dem manchmal herrschenden Chaos und all seinen Turbulenzen.
Damals, während meiner Reise nach Mumbai, war ich bei einem Astrologen. Eine befreundete Flugbegleiterin meinte, ich müsste den unbedingt kennenlernen und das Beste am Ganzen sei: »Er kommt ins Haus!« ... also ins Hotel. Ich

habe ja in Dortmund eine Freundin, die astrologisch sehr bewandert ist und mit der ich alle Jubeljahre mal in mein Horoskop gucke. Von daher war ich anfangs gar nicht so wild darauf, so einen »indischen Guru« zu treffen. Aber dann dachte ich, ach, warum nicht? Um ehrlich zu sein, war meine Neugierde einfach zu groß.

Astrologie ist ja bekanntlich »die Deutung von astronomischen Ereignissen und Gestirnskonstellationen in Bezug auf irdische Verhältnisse und Vorgänge«. Uff. Im Großen und Ganzen kann man die Astrologie auch schlicht als Horoskopdeutung bezeichnen, wobei das nicht zu vergleichen ist mit Madame Medusa auf dem Parkfest in Waltrop, zu der meine Mutter früher mehr oder weniger zum Spaß mal hinging.

Auch ist Astrologie nicht zu vergleichen mit den Horoskopspalten in manchen Zeitschriften. Für mich ist es seit damals und bis heute ganz einfach das Zusammenspiel von Naturgesetzen, Jahreszeiten und Gestirnen.

Warum beurteilen wir Menschen so sehr nach äußerlichen Kriterien?

Wie immer, wenn ich etwas Neues ausprobiere, war ich anfangs zunächst skeptisch. Auch meine Kollegin kannte den indischen Astrologen ja bereits und hatte ihn schon vor dem Abflug per Mail ins Hotel bestellt. Von daher sei ein kurzer Besuch auch bei mir möglich, meinte sie. Alles, was er brauche, sei mein Geburtsdatum, die genaue Geburtszeit und den Geburtsort. Ich gab also die Daten weiter und wartete dann abends gespannt auf meinem Zimmer. Irgendwann klopfte es, und ein kleiner Inder trat herein. Er sah eher aus wie der Hotelmanager, also keineswegs wie Madame Medusa aus Waltrop. Er trug einen schlichten schwarzen Anzug und hatte schneeweißes Haar.

Wir setzten uns an den Schreibtisch, der am Rand des Zimmers stand, und dann schaute er auf eine Zeichnung, die er mitgebracht hatte. Darauf waren die Sternkonstellationen zur Zeit meiner Geburt abgebildet. Schließlich sagte er: »Oh, Mister Peng. You are a wanderer. You know the song?« Und dann begann er »The Wanderer« von Donna Summer zu singen: »Cause I'm a wanderer, I travel every place, yeah I'm a wanderer, from here to outer space.«

Es ist nicht übertrieben, wenn ich sage, dass das ein Highlight in meinem bisherigen Leben war. Ein indischer Astrologe sitzt in meinem Hotelzimmer und singt Donna Summer. Das fand ich schon irgendwie geil.

Und dann erzählte er mir Dinge über meinen Charakter. Verblüffend offen. Es schien, als ob er mich lange Zeit kennt, obwohl wir uns noch niemals begegnet waren. Irgendwann schaute er mich etwas verschmitzt an: »Oh Mister Peng, you like girls?« Und dabei machte er eine verneinende Kopfbewegung. Ich war leicht pikiert – muss ich zugeben –, als er nachlegte: »Boys are better he, hahaha. Mister Peng likes boys, boys, boys, looking for a good time ...«, dann sang er auch noch »Boys Boys Boys« von Sabrina, einem 90er-Jahre One-Hit-Wonder.

Als der Inder gegangen war, saß ich allein in meinem Zimmer und konnte nicht fassen, was da gerade passiert war. Abgesehen von dem Unterhaltungsfaktor blieb mir eine Sache ganz nahe am Herzen: Er hatte mich erkannt und wusste von meiner Rastlosigkeit, von besonderen Charaktereigenschaften, von meinen Veranlagungen und Wünschen. Das bedeutete von diesem Moment an für mich: Ich bin so, wie ich bin, ich wurde so geboren. Es ist nicht irgendwann irgendetwas schiefgelaufen mit mir. So, wie ich bin, so soll ich auch sein.

Das sind die Karten für mein Leben, die für mich gemischt wurden, und an denen kann ich nichts ändern. Aber ich bin immerhin derjenige, der mit diesen Karten spielt. Also derjenige, der bestimmt, wie das Spiel verläuft. Ob ich am Ende gewinne oder verliere, ist nicht wichtig. Entscheidend ist, dass ich Spaß an dem Spiel habe.

Welche Spielkarten hast du?

Was gefällt dir an deinem Körper und deinem Charakter und was nicht?

Und jetzt schau dir die Liste an und überlege, was du davon wirklich verändern willst, nicht, was andere am liebsten verändern würden.

Hier ist nur das gefragt, was du ganz persönlich ändern möchtest, um einen glücklicheren Alltag zu haben.

Und dann sei konsequent und setz es um.

KAPITEL 6

DU bist meine
"Heimat
mein Hafen
und wir sind wie
sex & musik"
mit DIR mach ich
DP
Ich schlafe nur mit ihm.
Und in welchem Verhältnis stehen sie zu dem Künstler?

»Seitdem ich verheiratet bin,
muss ich irgendwie jeden Morgen kotzen.«

#BEZIEHUNG UND SEXUALITÄT

Liebe bedeutet, loszulassen und ein Stück von sich selbst preiszugeben. Unzufriedenheit ist der passende Moment für Veränderung. Man selbst muss das Gefühl haben, dass das eigene Leben funktioniert.

Meine Überzeugung ist: Wenn man den allerersten Liebeskummer hinter sich hat, dann ist man für den Rest des Lebens desillusioniert. Und interessant ist ja: Man stirbt gar nicht daran! Man findet nach einiger Zeit auch noch mal jemand anderen gut, oder zwei oder 15. Wie oft ich in meinem Leben schon gehört habe: »Dada, der isses einfach. Wenn alles so läuft wie die letzten drei Tage, dann fahren wir nächstes Jahr nach Kroatien in den Urlaub. Es passt einfach. Es passt. Ich habe so etwas noch nie erlebt!«

Und dann antworte ich immer: »Ähm, entschuldige ... doch, hast du. Ungefähr schon 14 Mal sogar.«

(Ich weiß, ihr wisst überhaupt nicht, wovon ich rede, aber ihr kennt sicherlich jemanden, der jemanden kennt, der genau so ist!)

Ich beobachte immer wieder Freundinnen, die auf Partnersuche sind und das Thema angehen, als ob sie eine neue Wohnung suchten: »Hmmmmm ... Wie groß und wie alt? Wie lange schon leer stehend? ... Was? Sooo lange? Dann muss ja irgendwas nicht stimmen. Wer war der Vormieter ... und wann könnte ich mal eine Besichtigung machen?«

Im Endeffekt guckt man sich dann drei bis vier »Wohnungen« an, und die, die man bekommt, nimmt man dann erst mal, übergangsweise. Denn man muss ja froh sein, wenn man überhaupt eine bekommt, und zwar eine, die vom Vormieter nicht komplett versaut wurde.

Ich habe mich wirklich schon so oft gefragt, warum man so viel Zeit im Leben mit der Partnersuche verbringt. Beziehungspartnersuche genauso wie Sexualpartnersuche, was ja nicht immer dasselbe sein muss. Und wenn man dann jemanden gefunden hat, dann wird es oft ja auch erst mal richtig schwierig. Denn dann hat man auf einmal eine Beziehung mit jemandem, im besten Fall liebt man ihn sogar.

Und was heißt das? Liebe bedeutet loszulassen, die Kontrolle ein wenig abzugeben. Liebe bedeutet aber auch, ein Stück von sich preiszugeben. Und dann muss man Liebe auch »ertragen« und sie zulassen können.
Eine Freundin sagte kurz nach ihrer Hochzeit zu mir: »Ich weiß auch nicht, aber seitdem ich verheiratet bin, muss ich jeden Morgen kotzen.« Und das meinte sie ehrlich, als echte körperliche Reaktion.

Das heißt also: Selbst wenn man einen tollen Partner gefunden hat, ja sogar gefragt wurde, ob man heiraten möchte, selbst dann hat man keine Garantie, dass man morgens mit einem guten Gefühl aufwacht.

Denn wir alle haben völlig verschiedene Definitionen und Vorstellungen von Liebe. Liebe ist auch leicht zu verwechseln, nicht selten mit »finanzieller Freiheit«, mit »gesellschaftlichem Ansehen« oder auch mit Sex.

Meine Freunde nennen mich ja ganz gern »einen überzeugten Single«. Doch das stimmt gar nicht. Ich habe einfach nur an einem Punkt in meinem Leben beschlossen, nicht mehr meine ganze Energie mit der Suche nach einem Partner zu verbringen und mich auch einfach nicht mehr schlecht zu fühlen, wenn ich halt keine Beziehung habe. Mein Leben fühlt sich so gut an, und ich habe auf einmal unendlich viel Zeit. Zeit, in der ich mich frei fühle, in der ich nicht mehr unter Druck stehe und Liebe in ganz vielen anderen, alltäglichen Dingen und Situationen entdecke.

Für viele Menschen ist eine funktionierende Beziehung ja auch so etwas wie ein Statussymbol. Wenn eine Beziehung hält, dann hat man Erfolg. Ich halte lieber jeglichen Gedanken von Druck, von Erfolg konsequent aus Beziehungen heraus. Denn Liebe ist kein Wettbewerb. Es gibt nichts zu gewinnen. Es gibt auch keinen Applaus.

In Bezug auf Liebe sind wir im Perspektivenwechsel super. Man kann sich, wenn man möchte, wirklich jeden potenziellen Partner »schön« reden. Das habe ich auch schon oft genug gemacht, und mit Sicherheit hat das jemand anders auch schon mit mir gemacht. An dem einen Tag sagen wir: »Der oder die ist genau wie ich, ich fange einen Satz an, er oder sie beendet ihn, so was habe ich noch nie erlebt. Wahnsinn.«

Und zwei Tage später sagen wir: »Ich habe jemanden kennengelernt, der ist komplett anders als ich, aber es passt. Unterschiede ziehen sich nun mal an. Es ist Wahnsinn!«

Und es gibt so unsagbar viele Lebensentwürfe und -perioden. Geliebt fühlt man sich, so ist meine Überzeugung, wenn man für den momentanen Lebensabschnitt den Lebensentwurf gefunden hat, der glücklich macht. Von daher können wir beispielsweise den Satz »Im Alter wird die Partnersuche immer schwieriger« an dieser Stelle einfach mal entsorgen!

Und genau hier möchte ich loswerden: Ich persönlich finde ja Sex völlig überbewertet. Ein kleines Beispiel dazu: Eine Freundin aus Frankfurt lud mich neulich auf einen Kaffee ein. Als ich dann mal zwei Stunden Aufenthalt in Frankfurt hatte, rief ich sie spontan an, und sie bat mich, zu ihrer Arbeitsstelle zu kommen. Dazu muss man wissen, dass sie in einem Sexkino an der Kasse arbeitet.

Okay, mein Leben ist bunt, warum also nicht? So häufig war ich vorher noch nicht in einem Sexshop, einmal auf der Reeperbahn mit meinem besten Kumpel während des

Zivildienstes und einige Jahre später mit meiner besten Freundin bei Beate Uhse. Sich in einem Sexshop zum Kaffee zu verabreden, fand ich schon wieder irgendwie cool.

Nun kam ich also bei diesem Megastore an, Madame erwartete mich bereits an der Treppe, über die man ins Untergeschoss gelangte. Im hinteren Bereich gab es auch noch einen abgeschirmten Aufenthaltsort und Kinos bzw. Kabinen.
Nach einer herzlichen Begrüßung gingen wir also hinunter, vorbei am Kassenbereich, wo noch ein Kunde auf sie wartete. Nackt und nur mit einer Rubber-Maske bekleidet. Sie kassierte zehn Euro, und der Herr verschwand hinter der Schwingtür im Kabinenbereich.

Ich war ziemlich überrascht, wie normal und selbstverständlich alles ablief, als plötzlich ein lauter Knall aus der Kabine zu hören war.
Meine Freundin ging – auch eher etwas verhalten – zu der Kabine und warf einen Blick hinter die Schwingtür. Etwas benommen kam der Typ mit der Rubber-Maske wieder in den Verkaufsbereich und sagte: »Ich bin vom Barhocker gefallen.«
Da wusste ich: Es ist Zeit zu gehen.

Aber ich lernte etwas aus dieser Situation: Auch das ist Leben, ein Lebensentwurf, eine andere Realität als meine, und so wird es auch andere Menschen geben, die mein Leben nicht nachvollziehen können.

Wichtig scheint mir, dass man selbst das Gefühl hat, dass das eigene Leben funktioniert. Mein Leben beispielsweise ist gerade jetzt, so wie es ist, okay. Aber ich kann mir auch vorstellen, dass irgendwann die Zeit reif ist für die nächste Veränderung. Und dann werde ich bereit sein und diese selbst kreativ mitgestalten und das Schicksal nicht einfach so geschehen lassen, sondern – wie gesagt – es selbst formen.

Unzufriedenheit ist ein ganz wunderbarer Faktor. Immer wenn dieses Gefühl auftaucht, sind wir nicht im Einklang mit uns selbst. Dann ist Veränderung angesagt. Auf Beziehungen übertragen, muss man aber wissen, dass man sein Gegenüber nicht verändern kann, also bleibt uns nichts anderes übrig, als diese Veränderung an uns selbst vorzunehmen.

Ich wünsche dir, dass du zufrieden bist mit deiner Partnerschaft, deinem Single-Sein, deiner Lebenssituation, so wie sie gerade ist.

Aber wenn du doch die Lust, den Drang verspürst, dich zu verändern, dann nimm diese Form der Unzufriedenheit, ja vielleicht sogar des Unglücklichseins dankbar an und erschaffe dir deinen eigenen Raum für Neues.

Wie fühlst du dich heute in deiner Beziehung?

Wenn er/sie dich glücklich macht, schreib es auf und freu dich darüber.

Wenn du unzufrieden bist, dann schreibe auch das auf und sei dankbar dafür. Und solltest du so richtig die Schnauze voll haben, so kotz dich einfach mal aus.

Jetzt solltest du Luft haben oder etwas genauer wissen, wo du stehst. Und wo möchtest du heute in einem Jahr stehen, was ist dir wichtig? Schreibe es nun hier auf und trage es so lange mit dir, bis es Wirklichkeit wird.

KAPITEL 7

Friends are the best tattoo you can get in life

Das kann uns niemand mehr nehmen

#FREUND-SCHAFT

Zum Thema Freundschaft gibt es unendlich viele Mythen, Sprüche und Weisheiten. Wie z. B. »Ein Freund ist ein Mensch, der dich so nimmt, wie du bist« oder »Ein echter Freund ist immer für dich da« oder einer meiner Lieblingssprüche: »Lerne Menschen kennen, denn sie sind veränderlich, die dich heute Freunde nennen, sprechen morgen über dich.«

Was da alles unseren Freunden auferlegt wird. Wie sie sein und was sie »leisten« müssen. Ob ich immer für meine Freunde da bin, weiß ich persönlich nicht. Es gibt Dinge, die ich leisten kann und auch sehr gerne tue, aber dann gibt es auch Dinge, zu denen ich einfach keine Lust habe. Ich bin ein zuverlässiger Freund in Krisensituationen. Wenn Freunde schwere Zeiten durchmachen oder nicht weiterwissen, dann kann man mich als Freund – sage ich einfach mal – gut gebrauchen. Ob man dann das, was ich sage, hören will und damit was anfangen kann, ist eine ganz andere Frage. Aber dann bin ich da. Dankbar bin ich allerdings für jeden Freund, der mich nicht fragt, ob ich ihm beim Transportieren einer Waschmaschine helfe oder beispielsweise bei Hochzeitsvorbereitungen. Das ist irgendwie nicht so meins, und da sage ich dann gerne auch mal Nein.

Wichtig scheint mir auf jeden Fall: Wahre Freundschaft muss auch mal ein Nein aushalten können.

Bei meinen Gedanken über das Thema Freundschaft kam ich zu dem Ergebnis, dass Freundschaft gar nicht primär dazu da ist, dass man jemanden anrufen kann, wenn es einem schlecht geht. Sie ist vielmehr dazu da, dass man durch sie lernen kann, andere so sein zu lassen, wie sie sind. Einen wirklichen Freund magst du so, wie er ist, gerade weil du ihn kennst, mit all seinen Fehlern und Schwierigkeiten.

Während meiner Zeit als ehrenamtlicher Mitarbeiter in einem Hospiz konnte ich oft beobachten, wie sich Menschen, die miteinander befreundet waren, ein letztes Mal voneinander verabschiedeten. An zwei Situationen kann ich mich noch besonders gut erinnern, da sie so gegensätzlich und dann doch von der Intensität her so gleich waren.

In beiden Fällen standen die Patienten schon unter Morphium. Zeitweise waren sie aber noch ansprechbar und realisierten auch, wer im Raum war, wer sie besuchte.

Bei der einen Bewohnerin, Susanne, die gerade mal 57 Jahre alt war, kam nun ein letztes Mal ihre beste Freundin Irene vorbei, um Lebewohl zu sagen. Es war ganz klar, dass dies ein letzter Abschied sein würde, weil nun in den letzten Tagen und Stunden nur noch die Familie im Hospiz erwartet wurde.
Irene kam schon mit einem unsagbar schweren Herzen bei uns an. Sie brauchte mehrere Minuten, um aus dem Auto

zu steigen, dann noch einmal, ich glaube, es war locker eine halbe Stunde, um sich in das Haus hineinzuwagen.

Wir saßen zunächst im Wohnzimmer und tranken einen Kaffee zusammen. Sie erzählte davon, wie lange die beiden nun schon befreundet waren und dass sie es kaum glauben konnte, als sie von der Krebserkrankung ihrer Freundin erfuhr. Sie sei wie gelähmt gewesen und hätte am Anfang einfach die Schwere der Erkrankung völlig verdrängt. Sie hatte schon bemerkt, dass Anrufe immer seltener wurden, und sich selbst öfter dabei ertappt, nicht ans Telefon zu gehen, wenn Susanne anrief. Und: Irene hatte ganz offensichtlich ein unendlich schlechtes Gewissen, da sie gerade den letzten Anruf von Susanne vor zwei Wochen nicht entgegengenommen hatte.
Und nun stand diese unter Morphium und war auch gerade in diesem Moment in keiner guten Verfassung. Jetzt noch ein klärendes Gespräch zu führen, war leider ziemlich unwahrscheinlich.

Wir machten Irene Mut, sich dennoch von Susanne zu verabschieden. Wir sagten ihr, sie könne sich auch gerne einige Zeit neben das Bett setzen, um einfach nur ein letztes Mal bei ihrer Freundin zu sein. Irgendwann fasste sie dann all ihren Mut zusammen, um mit uns in Susannes Zimmer zu gehen. Auf dem Weg bemerkten wir deutlich, wie schwer Irene dieser Gang fiel. Die Schritte wurden immer langsamer, der Kopf versank förmlich in ihrer Jacke, und die Tränen ließen sich nun auch nicht mehr zurückhalten.

Unser Angebot, doch lieber wieder zurück in den Wohnbereich zu gehen, lehnte sie jedoch ab. Ihr Entschluss stand fest, sie wollte ihrer Freundin ein letztes Mal nahe sein. Doch bis ans Bett schaffte sie es nicht. Sie setzte sich an den kleinen Tisch, der in Susannes Zimmer stand, drehte ihr den Rücken zu und verbarg ihr Gesicht in den Händen.

Nach einigen Sekunden bereits nahm Susanne wider Erwarten Irene wahr. Irene drehte sich ihr zu. Susanne hob kurz ihre Hand, es schien so, als wolle sie Irene begrüßen. Und dann sah es so aus, als würde Susanne den Daumen heben, als wolle sie sagen: »Alles okay.« Sie blieb mit dieser Handposition vielleicht zwei, drei Sekunden, und dann dämmerte sie auch direkt wieder weg.

Irene konnte all das, was gerade geschah, überhaupt nicht begreifen, weinte nur unentwegt, und nach kurzer Zeit brachten wir sie auch direkt wieder hinaus in den Wohnbereich.

Irene führte dann noch ein längeres Gespräch mit einer unserer Mitarbeiterinnen vom Hospiz und ging später, ohne noch einmal in Susannes Zimmer zu blicken, nach Hause.

Sie hatte sich diesen letzten Moment anders vorgestellt, erzählte sie uns viel später einmal, denn eigentlich hatte sie für ihre Freundin da sein wollen, konnte es aber einfach nicht. Und dieser eine Moment, in dem Susannes Daumen nach oben ging, das sei dann doch einer der schönsten gemeinsamen Momente ihrer Freundschaft gewesen.

In der anderen Situation lag eine ältere Dame namens Mathilda im Sterben. Ihre beste Freundin Elfie hatte sich über Mathildas Mann bereits ankündigen lassen und kam mit den öffentlichen Verkehrsmitteln nun von Bochum nach Schwerte. Für eine 75-Jährige schon auch eine anstrengende Sache. Punkt 15 Uhr klingelte es, und Elfie stand mit einem Strauß Blumen und Butterkuchen vor der Tür. Ich sagte ihr: »Ich hoffe, Mathilda hat Freude an den Blumen, aber ich glaube, das mit dem Kuchen wird wohl eher schwierig werden.« Mathilda legte ihre Sachen ab, nahm mich bei der Hand und sagte: »Junger Mann, die Blumen und der Kuchen sind für Sie und Ihre Kolleginnen hier. Ich möchte mich recht herzlich bei Ihnen dafür bedanken, dass Sie meine beste Freundin in den Tod begleiten. Wir kennen uns, seitdem wir drei Jahre alt sind. Ich danke Ihnen.«

Ich muss sagen, wenn man einen so von Herzen kommenden Dank entgegennimmt, ist das wirklich ein Erlebnis. Mir stiegen Tränen in die Augen, weil es mir so warm ums

Herz wurde, und ich entgegnete genauso ernsthaft: »Sehr gern geschehen!«

Dann ging Elfie, ohne zu zögern, in Mathildas Zimmer, setzte sich direkt an ihr Bett und hielt ihre Hand. Sie unterhielt sich mit ihr. Zwischenzeitlich schien Mathilda auch recht klar zu sein. Als ich mal kurz im Zimmer war, bekam ich mit, wie Elfie Mathilda ansah und sagte: »Wir hatten ja eigentlich ausgemacht, dass ich zuerst sterben würde ...« Unglaublich, aber in diesem Sterbezimmer lag ein Schmunzeln.

Dieser Satz hat sich mir fest eingeprägt. Auf die Idee, mit Freunden darüber zu sprechen, wer als Erster sterben möchte, diese Möglichkeit war mir bis dahin noch nie in den Sinn gekommen.

Nach 20 Minuten rief mich Elfie ins Zimmer und bat mich, mit ihr gemeinsam noch einmal Mathildas Bett herzurichten. Sie wolle ihrer Freundin ein letztes Mal etwas Gutes tun.
Danach sahen sich die beiden Frauen ganz bewusst an, so schien es mir zumindest, und dann sagte Elfie: »Das war ein schönes Leben. Wir hatten eine gute Zeit. Ich danke dir. Mach's gut.«
Sie ließen sich los, und Elfie ging recht gefasst aus dem Zimmer und aus Mathildas Leben.

So unterschiedlich kann Freundschaft sein. War Elfie eine bessere Freundin, da sie sich kümmern konnte, da sie bewusst hatte Abschied nehmen können? Gerade in Zeiten von Krankheit und Trauer, so heißt es, würde man seine echten Freunde erkennen. Doch eine »Bewertung« und eine »Einordnung« sollte man besser einfach sein lassen.

Ich denke zurück an die Zeit, als meine Eltern starben. Damals waren sehr viele meiner Freunde mit der Situation und meiner Fassungslosigkeit völlig überfordert. Sie wussten gar nicht, was sie mir sagen sollten, und hatten große Angst, etwas falsch zu machen. Ja, und viele distanzierten sich aus Hilflosigkeit. Aber auch das ist allzu menschlich und okay. Nicht jeder kann mit dem Tod umgehen. Und, wie ich vorhin schon gesagt habe, Akzeptanz ist das Allerwichtigste, bzw. den anderen so zu nehmen, wie er ist, und ihn in all seinem Anderssein und -denken annehmen zu können.

Und wenn das gegenseitige Akzeptieren nicht funktioniert, sollte man sich auch von Freunden trennen können.

Die guten Zeiten, die man miteinander verbracht hat, die sind einem wie ein Tattoo ins Herz und ins Leben geprägt. Die kann einem niemand mehr nehmen. Und die schlechten Zeiten oder auch den Umstand der Trennung kann man ja ganz einfach loswerden. Dafür gibt es das Verzeihen.

Verzeihen ist eine ganz wunderbare Angelegenheit, die man fast nirgends besser erlernen kann als innerhalb von Freundschaften.

Der Irrglaube besteht ja oftmals darin, dass man, indem man verzeiht, dem anderen etwas Gutes tut. In Wirklichkeit ist es ein ganz wunderbarer Akt an sich selbst. Damit man wieder frei ist, damit man ohne Zorn und ohne Groll weitergehen kann.

Verzeihen heißt übrigens nicht, dass man dann zu dem freundschaftlichen Verhältnis, das man vorher hatte, wieder zurückkehren muss. Ich kann jemandem verzeihen, alles Gute wünschen und trotzdem sagen: »Bitte ruf mich nicht mehr an.« Das geht.

Die besten Freundschaften, die ich habe, sind die zu den Menschen, die einfach immer nur da sind. Die, die mich begleiten, manchmal nerven, oftmals retten und mir immer wieder verzeihen. Es sind gleichermaßen die Freunde, die den Daumen heben, wenn ich mich einfach wegdrehen muss, und die Freunde, die mir in die Augen schauen, wenn ich nichts mehr zurückgeben kann.

Wahre Freundschaft muss auch mal ein Nein aushalten. Viele Menschen distanzieren sich im Angesicht des Todes aus Hilflosigkeit. In einer guten Freundschaft kann man den anderen so nehmen, wie er ist.

Gibt es Freunde von dir, eine Beziehung in deinem Leben, die nicht im Reinen ist, in der es etwas zu verzeihen gibt?

Schreibe dieser Person jetzt und hier, was dir auf der Seele liegt, und lass es los, versuche zu verzeihen oder bitte um Verzeihung. Schreibe es hier auf, nur für dich, oder schreibe dieser Person eine Mail oder rufe einfach an.

KAPITEL 8

Dada Peng Vita

Student

arbeitslos

erfolgreich TV Moderator

Chansonnier

Tanzlehrer diverser Bardamen

Spinning Trainer

Flugbegleiter

Songwriter Schriftsteller

Werde ich Pastor oder lieber Popstar?

#BERUF

Wenn man mich als Kind gefragt hat, was ich später mal werden möchte, dann habe ich immer gesagt: »Pastor oder Popstar.« Eigentlich lieber Popstar, aber dann wiederum wollte ich ja auch dem Sinn des Lebens nachgehen. Also am besten beides. Aber Popstar war schon wichtig. Mit Popstar setzte ich nämlich Erfolg gleich. Ich stellte mir als Kind wirklich vor, wie ich dann zum Klassentreffen mit einer Limousine vorfahren würde. Nebenbei bemerkt: Zu meiner Silberkonfirmation bin ich mit dem Regionalexpress gefahren.

Es war für mich als Kind also wichtig, dass Menschen um mich herum sagen würden: Der hat Erfolg.

Mein beruflicher Werdegang ist bunt. Beruflicher Erfolg stellte sich schon recht früh ein. Wie ja auch schon im Intro des Buches zu lesen ist: Ich bekam bereits während meines zweiten Studienjahres der Film- und Fernsehwissenschaften einen Moderationsjob im Fernsehen, verdiente extrem viel Geld und wurde jede Woche von Dortmund nach Stuttgart geflogen. Das Interessante an der Sache ist, dass ich das supergerne gemacht habe, es aber selbst nicht als persönlichen Erfolg ansah. Dafür war die Sendung zu klein. Denn ich wollte ja gerne »Wetten, dass ...?« oder irgendetwas anderes Großes moderieren. Hinzu kam, dass, so schön dieses berufliche Leben auch war, so anstrengend war es auch. Die Medienbranche ist echt sehr speziell. Mit wie vielen Idioten ich essen gehen musste, nur um im Gespräch zu bleiben, wie viele Leute immerzu nur darauf warteten, meinen Job haben zu können, auf wie vielen Castings ich war ... das hat keinen Spaß gemacht. Man muss sich fortwährend und ständig selbst anbiedern. Da kommt kein großes Erfolgsgefühl auf.

Nachdem die Sendung abgesetzt wurde, wollte ich beruflich gerne gehaltvollere Dinge tun. Ich schrieb Chansons, die von Liebe, Politik und auch damals schon vom Sterben handelten. Das war eine wunderbare Arbeit. Wenn ich einen Song geschrieben hatte, und er war gut, dann fühlte ich diesen persönlichen Erfolg. Wenn dann zu einem Konzert nur 20 Leute kamen und ich 18 davon kannte, weil es Freunde oder Familie waren, dann ließ aber auch dieses Erfolgsgefühl schnell wieder nach. Mit Chansons verdient man echt kein Geld, und so musste ich mich mit Nebenjobs über Wasser halten. Ich wurde Spinningtrainer, ich gab Nutten Tanzunterricht, arbeitete im Asylbewerberheim in Köln-Nippes. Alles Dinge, die ich gerne tat, aber eine wirtschaftliche Situation wie zu meiner Fernsehzeit konnte sich so nicht mehr einstellen.

Und dann immer wieder der Gedanke: Eigentlich wollte ich ja Popstar werden.

Ich fühlte mich oftmals vom Schicksal verarscht. Denn ich bekam es einfach nicht hin, das, was ich beruflich machen wollte, zu tun und mir damit auch einen gewissen Lebensstandard zu ermöglichen. Meine Wohnungen wurden immer kleiner, Rechnungen lagen immer länger, und das Highlight war dann echt, dass mir eines Tages mal der Strom abgeklemmt wurde. Erfolg fühlt sich wohl anders an. Ich saß damals mit meinem Hund Paula in meiner Wohnung, ohne Strom und nur mit Kerzen an. Glücklicherweise hatte ich mir bei meiner Stammpizzeria eine Pizza Margerita auf Pump kaufen können. Diese teilten Paula und ich uns nun.

Ich hatte noch genau zehn Euro, und die würde ich am nächsten Tag brauchen, um mit der Bahn zu meiner Freundin zu fahren, damit diese mir Geld für die Energiewerke leihen konnte. So lagen diese zehn Euro die ganze Zeit vor mir, und ich starrte immer wieder darauf.
Dann blickte ich nach draußen auf die Straße. Menschen liefen hektisch hin und her. Und auf einmal wurden die hektischen Menschen auf dieser Straße vor meinem inneren Auge zu Zehn-Euro-Scheinen. Ich sah einen Zehn-Euro-Schein ins Taxi einsteigen, der andere Zehn-Euro-Schein stand an der Ampel, ein anderer fuhr auf dem Rad an meinem Fenster vorbei. Und fragt mich nicht warum, aber dann wurde mir auf einmal etwas ganz klar: Wir alle sind

Zehn-Euro-Scheine. Wir werden als Zehn-Euro-Schein geboren, und wir werden als Zehn-Euro-Schein sterben. Und man kann diesen Wert eines Zehn-Euro-Scheins nicht auf- oder abwerten. Der Wert bleibt immer gleich. Es ist also egal, welchen Job ich mache, ob ich Kellner werde oder Manager, Postbote oder Pilot, der Wert meines Lebens und meiner Lebensleistung lässt sich nicht verändern. Die bleibt von Geburt an immer dieselbe. Ob ich mit einer Limousine vorfahre oder in einem Zimmer ohne Strom sitze. Ich bin ein Zehn-Euro-Schein.

Zwei Wochen später in Berlin beschloss ich, meine künstlerische Karriere an den Nagel zu hängen und einfach nur einen Job zu machen, der mir Spaß macht, der mir entspricht und der mir ein gutes Leben bietet. Vielleicht nicht das Ansehen, dass ich mir als Kind erhofft hatte, und mit einer Limo vorzufahren, rückte auch in weite Ferne, aber ich wollte einen Job haben, der mich einfach nur glücklich macht.

Also wurde ich Flugbegleiter und hatte fünf wunderbare berufliche Jahre. Nach all den Jahren des Jobbens, der Castings und des Nicht-Vorankommens war dies nun fast wie Urlaub für mich.

Klar, da gab es Situationen, von denen ich vorher gedacht hätte, die will ich niemals erleben. Ich stand einmal in der Flugzeugküche, auch »Galley« genannt, und hatte mich bei diesem Flug für die Position der Galleymaus gemeldet. Die Galleymaus ist quasi der »Koch« in der Flugzeugküche. Ich arbeitete auf diesem Flug in der Business Class, und die Kollegen waren bereits mit den Vorspeisen in der Kabine gewesen. Jetzt wollte ich die heißen Essen aus dem Ofen holen. Ich öffnete also die Ofentüren und ... alle Essen waren noch tiefgefroren. Kalt. Ein Skandal in der Fliegerwelt! Wir hatten zuvor neue Dampföfen eingebaut bekommen, und ich wusste nicht, dass diese sich selbst abschalten, wenn nicht genügend Wasser aufgefüllt ist. Das hatte mir aber auch niemand gesagt! Nun gut, das hieß nun also, dass für die Gäste zwischen Vorspeise und Hauptgang ungefähr 45 Minuten liegen würden und wir nun eine ungewollte Pause von einer halben Stunde hatten.

»Mach dir jetzt bloß keinen Kopf, das kann jedem mal passieren«, versuchten mich dann auch noch meine Kolleginnen aufzubauen. Ich war also eigentlich gerade am Tiefpunkt meiner beruflichen Laufbahn angekommen: Ich war wirklich zu blöd, einen Ofen zu bedienen.

Eine ganz junge Kollegin Anfang 20 fragte mich schon bereits seit dem Briefing: »Woher kennen wir uns? Waren wir zusammen in Bogota? New York? Oder Kurzstrecke?« Die Flugbegleiter-Teams wechseln ja bei jedem Flug, und so kommt es immer wieder vor, dass man sich noch an

Gesichter erinnern kann, aber diese kaum noch dem Flug, auf dem man zusammen gearbeitet hat, zuordnen kann. Wir überlegten nun also schon seit Stunden, wann und wo, also woher wir uns kannten.

Sie guckte mich noch einmal ganz intensiv an, und dann sagte sie: »Du hast nicht mal eine Kindersendung moderiert, oder?« Genau das war dieser Moment, den ich nie erleben wollte. Ich sagte nur: »Ach, das ist doch schon 'ne halbe Ewigkeit her!«
Dann wurde sie jedoch erst richtig euphorisch und schrie: »Oh mein Gott, das habe ich immer geguckt, da war ich noch total klein. Wie geil! Und warum machst du jetzt hier so was?«
Ich blickte sie nur an und sagte: »Weil ich es so will.«

Und natürlich hatte meine Kollegin das Gefühl, dass dies ein erfolgsmäßiger Abstieg sein müsste. Vom TV-Moderator zur Galleymaus, die zu blöd ist, den Ofen zu bedienen, aber für mich war es ganz anders. Denn mein Leben war besser, war schöner, war glücklicher, als es zu meiner TV-Zeit war. Und da fühlte ich mich zum ersten Mal in dieser Flugzeugküche erfolgreich. Ich hatte es geschafft, mich selbst so ernst zu nehmen, mich auch selbst so zu lieben, dass ich mir einen Job gesucht hatte, der mich glücklich macht.

Die Essen waren dann auch irgendwann heiß, und sie waren fortan immer heiß, auf jedem Flug, auf dem ich die Küche schmiss.

Macht mich das, was ich tue, glücklich oder nicht? Persönlicher Erfolg hat selten etwas mit Geld zu tun.

Und gerade, als ich mich so richtig gut eingerichtet hatte, ich sollte befördert werden, ich liebe bis heute noch meine Firma, ich hatte die tollste Vorgesetzte, die ich mir nur hätte wünschen können, gerade als ich mich komplett des Traums vom Popstar entledigt hatte, bekam ich meinen ersten Buchvertrag. Und dann kamen wieder TV-Auftritte, Live-Auftritte, und es gab auf einmal ein Interesse an meiner künstlerischen Arbeit in ganz vielen Bereichen.

Ich habe lange mit mir gerungen, meinen Job als Flugbegleiter wieder herzugeben. Ich tat dies auch erst, als wirklich klar war, dass ich keine Castings mehr besuchen müsste und dass ich nicht wieder mit Idioten essen gehen muss. Denn nur das ist für mich noch die einzige Messlatte, an der ich Erfolg ablesen möchte. Macht mich das, was ich tue, glücklich oder nicht?

Heute wünsche ich mir, dass ich beruflich den Rest meines Lebens so weiterarbeiten kann, wie ich es jetzt gerade tue.

Doch wenn ich an meine Zukunft denke, dann lasse ich mir auch den Raum und die Freiheit, um eventuell irgendwann noch mal alles umzuschmeißen und um irgendwo auf der Welt, an irgendeinem Strand eine Würstchenbude aufzumachen.

Was liebst du an deinem Job und was nicht?

Gibt es etwas, das du lieber tun würdest, wenn ja, was? Und was hält dich davon ab?

KAPITEL 9

2000$
不要迷恋哥
哥只是个传说
Enamel ★ Quotation
5$
champaign
or sparkling water
if you really want something, you must be willing to pay the price!

»Geld ist kein Arschloch!«

#FINANZEN

Ich möchte sagen, meine Beziehung zu Geld ist mit Sicherheit meine längste, die ich hatte in meinem Leben. Geld war irgendwie immer Thema, und irgendwie steht ja jeder in einem gewissen Abhängigkeitsverhältnis zum Geld. Wer kennt nicht den Satz: »Das ist gerade einfach aus finanzieller Hinsicht nicht möglich.«
Als ich noch etwas jünger war, gab es insbesondere zwei Dinge, die ich über Geld dachte: Zum einen, dass wirklich gute Menschen auch richtig arm sein müssten. Ich orientierte mich gerne an Jesus, Gandhi oder Mutter Teresa, die nur mit den wenigsten, lebensnotwendigen Dingen ein glückliches und zufriedenes Leben lebten. Die fand ich gut, und die brauchten kein Geld. Warum konnte ich nicht nur mit einem Leinentuch und zwei Paar Schlappen glücklich sein?

Zum anderen dachte ich, dass Geld einfach ein Arschloch ist. Überall gibt es nur Probleme, weil Menschen entweder zu viel oder zu wenig davon haben. Ich mochte Geld irgendwie einfach nicht.

Und dann bekam ich diesen Job im Fernsehen und verdiente auf einmal sehr viel Geld. Das war natürlich eine äußerst schwierige Situation. Jetzt hatte ich etwas, von dem ich glaubte, dass es mir nicht guttun würde. Also tat ich konsequenterweise das Einzige, das meinen beiden Denkweisen entsprach. Ich warf das Geld quasi aus dem Fenster, weg damit! Iiiii Geld!

Wir fühlen uns ja gern selbst bestätigt. Und so wollte ich auch beim Thema Geld recht behalten. Tatsächlich war dann diese Zeit, in der ich finanziell sehr gut gestellt war, keine sonderlich zufriedene Phase in meinem Leben. Ich hatte den Kleiderschrank voller Klamotten, ich fuhr ein tolles Auto, hatte eine Traumwohnung und saß doch recht häufig unzufrieden und über das Leben philosophierend auf meiner Couch. Das kann man sich eigentlich kaum vorstellen. Ich war beispielsweise einmal ein Wochenende in Paris und war ungelogen nur shoppen. Das ist doch etwas, das sich jeder irgendwie wünscht, einmal tun zu können. Und dann kam ich mit all diesen Tüten nach Hause, stellte sie in die Ecke und setzte mich wieder auf diese Couch in meinem Wohnzimmer und grübelte weiter darüber, warum ich denn nicht glücklich sein konnte. Die meisten Sachen, die ich mir an diesem Wochenende gekauft hatte, habe ich hinterher ungetragen bei Ebay versteigert.

Als die Sendung eingestellt wurde und mein Geld immer weniger wurde, fühlte ich mich allerdings auch nicht besser, ganz im Gegenteil. Da dachte ich dann: »Auweia, wo ist denn das ganze Geld geblieben?« Es bestätigte sich meine frühere Sicht der Dinge in der Form, dass ich auf einmal des Geldes wegen Probleme bekam. Und schon wieder hatte ich recht: »Geld ist ein Arschloch!«

Eine harte Schule für mich in der damaligen Zeit: Ich verkleinerte mich wohnmäßig innerhalb von zehn Jahren von 90 qm auf rund 24 qm und reduzierte alles, was ich hatte, um ca. 70 %, bis ich irgendwann fast mein komplettes Leben in zwei Koffer packen konnte. Mit Mitte 30 besaß ich so wenig wie noch nie zuvor in meinem Leben.

Und eines Abends saß ich inmitten dieser paar Habseligkeiten auf genau jener Couch, auf der ich schon so oft gesessen hatte, und bemerkte, dass ich eigentlich glücklich war. Ich war glücklich. Ich fühlte mich absolut frei und wusste, egal, was im Leben noch auf mich zukommen würde, mein Glück ist nicht von Besitz abhängig. Und auf einmal war Geld nicht mehr das wichtigste, das beherrschende Thema in meinem Leben. Diese Einsicht war für mich persönlich schon eine Sensation.

Auch meine zweite Denkweise, dass gute Menschen arm sein müssten, entkräftete sich. Dabei half mir eine meiner Lieblingsautorinnen, Iyanla Vanzant, indem sie in einem ihrer Vorträge sehr schön davon erzählt, wie sie zum ersten Mal dem Dalai Lama begegnete. Er war zu Gast in New York, und sie wurde ziemlich widerwillig von einer guten Freundin mitgeschleppt. Als sie den Dalai Lama dann sah und hörte, war sie zutiefst bewegt und freute sich sehr, als am Ende der Veranstaltung auf die Möglichkeit aufmerksam gemacht wurde, am nächsten Tag den Dalai Lama persönlich zu treffen, um ihm irgendeine Frage zu stellen.

Es gab eine Liste mit 50 freien Plätzen, und nach der Veranstaltung konnte man sich dort eintragen.
Allerdings waren diese Plätze nicht kostenfrei. Nr. 1 auf der Liste musste 100 Euro zahlen, Nr. 2 200, Nr. 7 700 usw. Iyanla war Nummer 41. Aber sie sagt, sie hatte das Geld, und man müsse bereit sein, für das, was man will, auch zu zahlen. Ich finde das ganz wichtig: Man muss bereit sein, für das, was man will, auch zu zahlen. Will man eine Beziehung, muss man bereit sein, mitunter auch mit Tränen und Geduld dafür zu zahlen, möchte man ein Kind großziehen, dann muss man sich selbst zurückstellen, und wenn man dem Dalai Lama eine persönliche Frage stellen möchte, selbst dann muss man halt bereit sein, 100 Dollar oder auch 4.100 Dollar dafür zu zahlen.

Glück ist nicht von Besitz abhängig. Man muss bereit sein, für das, was man will, auch zu zahlen. Keep it simple.

Ja, ihr habt alle recht: Abzocke. Wie kann man für eine Frage so viel Geld verlangen und auch dafür ausgeben? Ich habe genau das auch zunächst gedacht. Es ist aber alles auch hier eine Frage der Perspektive. Wenn die Antwort dieser Frage dein weiteres Leben bereichert, ist sie es einfach wert.

Bei der Fußball-WM haben Karten für ein Spiel bis zu 1.000 Euro gekostet. Auch da gibt es Menschen, für die diese Summe absolut okay ist, und andere, die von dieser Summe zwei Monate leben müssen.

Iyanla bekam also die Chance, dem Dalai Lama die Frage zu stellen, was das Geheimnis von Glück und Erfolg sei. Er antwortete ihr schlicht: »Keep it simple.« Das heißt: Willst du geliebt werden, liebe. Willst du nicht alleine sein, lade jemanden ein. Bist du böse auf jemanden, vergib ihm. Und hast du zu wenig Geld, dann musst du mehr verdienen.

Und um all das zu tun, solltest du als Erstes deine Einstellung zum Thema Geld erkennen, überdenken und gegebenenfalls komplett über den Haufen werfen. Und du solltest bereit sein, den Preis dafür zu bezahlen. Sei es durch einen Jobwechsel, einen Umzug, sei es, dass du dir genau überlegst, wofür du dein Geld ausgibst.

Zurück zum Dalai-Lama-Erlebnis meiner Lieblingsautorin: Das war für mich genau der richtige Zeitpunkt, um alles, was ich mein Leben lang über Geld gedacht hatte, zu vergessen. »Geld ist kein Arschloch!«

Auch heute ist mir Besitz immer noch nicht so wichtig. Aber mittlerweile habe ich eine wunderschöne Wohnung, in der ich mich zu Hause fühle und in der ich angekommen bin. Ich kann mein Leben durch eine Arbeit finanzieren, die ich liebe und die mir entspricht, und kann mir, wann immer ich mag, einen guten Tee und einen fabelhaften Wein leisten. Seitdem ich also anders über das Geld denke, ihm positiv gesonnen bin, verstehen wir uns wesentlich besser. Geld fühlt sich zum ersten Mal in meinem Leben wohl bei mir und ich mich wohl mit ihm. Und das ist die beste Basis für eine lange, dauerhaft gute und funktionierende Beziehung.

Wie denkst du über Geld? Wenn du ihm fünf Eigenschaften zuordnen müsstest, welche wären das?

Jetzt schau dir diese Eigenschaften an. Hätte ein Mensch diese Eigenschaften, wärst du dann gerne mit ihm befreundet?

Wenn ja, wunderbar. Wenn nein, ändere die Perspektive so lange, bis du Geld auch fünf positive Eigenschaften zuordnen kannst.

KAPITEL 10

How to be sick, CREATIVE and marvellous

»Ich bin nicht krank!«

#GESUNDHEIT

Eine meiner Lieblingsmalerinnen ist Frida Kahlo. Sie kommt aus Mexiko und musste während ihres gesamten Lebens körperliche Leiden ertragen. Die meiste Zeit war sie entweder ans Bett oder an den Rollstuhl gefesselt. Ihr gesamtes Werk spiegelt diese körperlichen Schmerzen und auch die damit verbundene Einsamkeit und Traurigkeit wider. Gleichzeitig sind ihre Bilder aber auch unendlich kraftvoll, lebensfroh, wild und verrückt. Denn sie hat sich ihrem Schicksal gestellt und gesagt: Ich male trotzdem. Und ich lebe trotzdem.

Wenn man selbst körperlich leidet, wenn man vielleicht sogar das eigene Lebensende vor Augen hat, mag ein Perspektivenwechsel sehr schwer erscheinen. Ich selbst habe nur ein einziges Mal in meinem Leben richtige Schmerzen erlebt. Ich hatte eine allergische Reaktion am ganzen Körper. Kein Arzt konnte wirklich herausfinden, auf was ich so stark reagierte. Ich war verzweifelt. Diese Situation ging über Wochen. Ich konnte keinen Sport mehr machen, keine kurzen Hosen tragen und wollte eigentlich gar nicht mehr raus. Irgendwann bekam ich starke Cortison-Tabletten. Davon ging der Ausschlag recht schnell weg, aber sobald ich die Tabletten absetzte, war er sofort wieder da. Geholfen haben dann Schüßlersalze und Reiki.

Ich denke heute noch öfter an diese Zeit zurück und finde dabei eine Sache ganz erstaunlich: Es war damals wirklich mein größter Wunsch, einfach nur wieder gesund zu sein. Heute bin ich gesund und kann durch diese Erfahrung von damals eigentlich erst richtig begreifen, was für ein großes Geschenk Gesundheit darstellt. Von daher, aus meiner heutigen Perspektive heraus, war diese Erfahrung, krank zu sein, für mich und mein Leben wichtig.

Dass Gesundheit alleine aber kein Garant für Glück und Zufriedenheit darstellt, das können wir ja tagtäglich an uns selbst und in unserem Umfeld beobachten. Da gibt es kerngesunde und doch zutiefst deprimierte Menschen, die unglücklich sind und den Fokus ihres Lebens gerade auf ganz andere Dinge gerichtet haben.

Und dann gibt es ja auch Menschen, die unheilbar krank sind, oder die, die beispielsweise Gliedmaßen verloren haben oder durch einen Unfall auf einmal im Rollstuhl sitzen.
Samuel Koch beispielsweise hat ein Schicksal, das die meisten von uns zunächst einmal als unerträglich beschreiben würden. Auch ich könnte mir nicht vorstellen, wie ich mein Leben auf einmal in einem Rollstuhl meistern sollte. Doch er und eine Menge anderer Menschen tun genau das. Und wenn man Samuel Koch während seiner Konzertlesungen

auf der Bühne sieht, dann hat man nicht das Gefühl, dass da ein unglücklicher Mensch sitzt. Und davon gibt es viele andere, die einen gelungenen Perspektivenwechsel vollzogen haben.

Ein anderes Beispiel ist David Behre, der mit Anfang 20 durch einen Unfall beide Beine verlor und dadurch komplett aus dem Leben gerissen wurde. Aber auch er kämpfte sich wieder zurück, lernte zunächst mit Prothesen zu laufen, dann zu rennen und ist mittlerweile Medaillengewinner im paralympischen Sport. Er sagt: »Ich bin heute viel glücklicher als vor dem Unfall, ich will meine Beine gar nicht mehr zurück.«
Das ist schon eine krasse Aussage, aber sie zeigt mir eins: Egal, welches Schicksal einen auch trifft, und körperliche Einschränkungen und Krankheit sind ganz schwere Schicksalsschläge, nichts davon hat zwangsläufig zur Folge, dass man ein unglückliches Leben führen muss.

»Remain open« ist ein Satz, der mich durch mein Leben begleitet. Offen bleiben dafür, dass eine schlimme Situation, in der man sich gerade befindet, nur ein Teil eines großen Ganzen darstellt. Und dass ich mit meiner eingeschränkten Sichtweise nur einen kleinen Teil davon begreifen kann.

Anke Engelke berichtete in ihrer »Glück«-Reportage u. a. von einem todkranken Jungen, der die meiste Zeit mit seinen Eltern im Krankenhaus verbringen musste. Diese Eltern und dieser Junge strahlten eine ganz andere Form von Glück aus, intensiver und stärker, als wir das in unserem Alltag vielleicht erleben mögen.
Ich kann mich ja immer noch nicht dazu durchringen, die Krankheit Krebs zu hassen. Auch in all den Jahren, in denen ich diesen Krankheitsverlauf bei meinen Eltern und im Hospiz miterlebt habe, hatte ich nie das Gefühl, dass hier ein Unrecht geschieht oder dass Krebs ein Monster ist.

Es gab eine Situation, ungefähr zwei Tage bevor meine Mutter starb. Sie war bereits körperlich nicht mehr als die Frau zu erkennen, die sie noch wenige Wochen vorher gewesen war. Jeder, der so etwas einmal miterlebt hat, weiß, wovon ich spreche. Sie war bettlägerig, und ab und an half ich dabei, wenn sie sich waschen wollte. Bis zuletzt war meine Mutter sehr resolut, ließ sich helfen, aber versuchte auch, ganz klar Anweisungen zu geben. Meine Mutter war Altenpflegerin von Beruf und hatte genau das, was nun an ihr getan wurde, zuvor tausendfach an anderen Menschen getan. Sie bat mich also, ihr aufzuhelfen, sie auf die Bettkante zu setzen und ihr den Rücken zu waschen.

Remain open
Schlimme Situationen sind nur Teil eines großen Ganzen. Vielleicht ist das Leben nur eine Aneinanderreihung von Erfahrungen.

Und dann saß ich da neben ihr auf der Bettkante, hielt sie mit dem rechten Arm auf der Vorderseite fest und wusch ihr mit der linken Hand und einem Waschlappen den Rücken.
Ihre Wirbelsäule war nur noch von einer dünnen Schicht Haut überdeckt, und es war kein leichter Moment. Es war aber auch, ich glaube, sogar der intimste Moment, den ich mit meiner Mutter jemals hatte. Weil es eben so ein körperlicher Moment war. Es war fast so, als sei man wieder eins. Ich kann das gar nicht so recht in Worte packen, aber es war ein schöner Moment und ein schönes Gefühl.
Meine Mutter wäre gerne wieder gesund geworden. Das weiß ich. Und dann wiederum wurden wir beide vielleicht nur geboren, um diesen einen Moment miteinander zu teilen, um diese Erfahrung miteinander zu machen.

Dass die Anzahl an Jahren, die man lebt, nicht wichtig ist, glaube ich bereits, seitdem mein Vater im Alter von 50 starb. In den drei Monaten seiner Krankheit habe ich an ihm eine große Veränderung beobachten können. Er lernte sehr viel. Er konnte sich auf Dinge einlassen, die er all die Jahre zuvor abgelehnt hatte. Eines Tages nahm er ganz unvermittelt meine Hand und sagte: »Ich möchte gerne mit dir gemeinsam beten.« Das mag für religiöse Familien etwas ganz Normales sein, aber ich hatte so etwas noch nie erlebt und war schon leicht überfordert, muss ich ehrlich zugeben. Aber an diesen Dingen erkannte ich, hier tut sich etwas und hier tut sich etwas Gutes.

Mein Vater starb auf eine sehr friedliche Art und Weise, und er wirkte ausgeruht und gelassen. So hatte ich ihn vorher nie erlebt. Nachdem er gestorben war, dachte ich, er hat jetzt in diesen drei Monaten all das für sich entdeckt und gelernt, was er noch in seinem Leben entdecken und lernen wollte. Ich glaube, nun war er fertig.

Vielleicht müssen wir das Leben dann doch eher als eine Aneinanderreihung von Erfahrungen sehen. Alles, was geschieht, ist einfach nur Erfahrung. Ob gut oder schlecht, das kommt ganz darauf an, wie wir sie beurteilen.

Natürlich hätte meine Mutter noch gerne miterlebt, wie ihre Enkelkinder aufwachsen. Und so wird es, so glaube ich, immer Dinge geben, die man gerne noch erleben würde. Es ist eher eine innere Einstellung, es ist eine geistige Haltung, zu der uns eine Krankheit bringen kann und die vielleicht auch dazu führt, dass manche Menschen eher gehen als andere.

Es ist eigentlich ganz so wie in der Schule, wenn man eine Klausur geschrieben hat. Die, die am ehesten fertig waren, und die, die nicht mehr weiterwussten, die standen auf, sagten: »Ich bin fertig«, und gingen schon mal vor die Tür eine rauchen.

»Ich bin nicht krank, ich bin gesund.« Das zu sagen, wenn alle Ärzte um einen herum das genaue Gegenteil diagnostizieren, mag schwer sein. Vielleicht auch etwas naiv und dumm. Aber ganz ehrlich: Scheiß drauf! Dann konzentriere dich doch einfach mehr auf deine innere Haltung, auf das, was du kontrollieren kannst. Die Reaktionen deines Körpers magst du gerade vielleicht nicht ganz im Griff haben, aber deine Haltung, dein Geist, das gehört nur dir.

Und klar, es gibt Krankheiten, bei denen gerade der Geisteszustand beeinträchtigt ist. Für viele ist das der absolute Horror, daran zu denken, irgendwann mal »geistig verwirrt« zu sein. Kinder sind völlig hilflos, wenn die einstmals erfolgreichen und starken Eltern wieder zu Kindern werden und eventuell mit Pampers versorgt werden müssen.

Freunde erzählten mir erst kürzlich, wie ihre an Alzheimer erkrankte Mutter an einem Sonntag mit Pampers durch den Vorgarten lief und »Rock me Amadeus« sang. Der eine Freund nahm es eher locker und amüsierte sich darüber. Seine Schwester war völlig außer sich. Ihre Mutter war Oberstudienrätin, und jetzt so was. Das fand sie würdelos.

Und genau in dieser Bewertung liegt das Problem. Wer bestimmt, ob dieses Verhalten würdelos ist oder nicht? Wer mag wissen, wie sich die Mutter dabei fühlt?

Ich persönlich kann es mir sehr befreiend vorstellen nach einem langen Leben, nach einer großen Karriere, die mit Sicherheit auch Anstrengungen abverlangt hat, wenn man dann am Lebensende einfach nur wieder wie ein Kind sein kann. Vielleicht kann man das Ganze auch mal von dieser Seite aus betrachten?

Ich wünsche dir und mir an dieser Stelle ein gesundes und schmerzfreies Leben. Sollte einem von uns jedoch etwas widerfahren, das eine Krankheit mit sich bringt, so hoffe ich, dass du und ich am Ende, genauso wie Frida Kahlo es auf ihrem letzten Bild schrieb, immer noch sagen werden: Viva la Vida!

Wenn du mit einer Krankheit leben solltest, so überlege doch einfach mal, was du mit ihr gemeinsam bereits erlebt hast und ob es irgendetwas gibt, für das du ihr auch dankbar sein kannst.

Und solltest du gesund sein, so realisiere dies einfach mal ganz bewusst und schreibe ein paar Zeilen des Danks.

KAPITEL 11

Fühlst du dich alt?
Aber nein! Ich werde doch geliebt.
so do u love your old sneakers too?
if not...... DO IT
ach, das Herz weiß einfach nicht wohin!

Wer nicht alt werden will,
der muss halt früh sterben

#ALTER

Die meisten von euch, die dies hier jetzt lesen, sind mit Sicherheit schon einige Jahre hier auf dieser Erde. 30, 40, 50 oder sogar noch ein paar Jährchen mehr. Das heißt, im Verhältnis zu allen Generationen vor uns und zu den meisten Gegenden auf diesem Planeten leben wir schon jenseits der allgemeinen Lebenserwartung. Was jetzt noch kommt, ist quasi Bonus. Das ist geschenkte Zeit. Denn wären wir woanders oder ein paar Generationen früher geboren, dann wären wir jetzt schon tot. Ist so. :-)

Ich glaube, wir haben einfach ein falsches Bild vom »Altsein«. Wenn ich an meine Großmutter denke und daran, wie sie die letzten Jahre ihres Lebens verbracht hat, dann sehe ich sie eigentlich immer nur zu Hause auf dem Balkon stehen und winken. Immer gleich aussehend, immer in der gleichen Stimmung, immer sehr herzlich, aber auch immer sehr introvertiert und gefasst. Ich habe mich noch vor Kurzem gefragt, warum alle Omas, die heute so um die 80 sind, die gleiche Frisur tragen. Wer hat denen denn bitte erzählt, dass ein dauergewellter Kurzhaarschnitt in Grau absolut in ist?

Vor ein paar Jahren habe ich mal eine Modenschau für ältere Damen moderiert. Ich hatte so überhaupt keine Lust dazu, da das Event auch noch am Wochenende war, ich irgendwo in eine Kleinstadt hinter Hamburg musste und das Ganze dann auch noch in einem »Alte Damen Kaufhaus« stattfinden sollte. Der Laden war fast genauso, wie ich ihn mir vorgestellt hatte, allerdings war eins völlig anders: die Atmosphäre. Die Models des Abends waren alle um die 70, die älteste Dame war 90, und somit waren sie alle Kriegskinder, und aus diesem Grund hatten sie in ihrer Jugend und in jungen Jahren überhaupt keine Zeit für Mode und Modenschauen. Für sie war es ein ganz besonderer Abend, und er wurde es tatsächlich auch für mich. Während ich die einzelnen Models auf die Bühne holte – die meisten machten das zum ersten Mal –, bemerkte ich, was diese Menschen in ihrer Jugend alles entbehrt hatten. Ich spürte Ausgelassenheit, dieses Ungezwungene, diese Leichtigkeit, die wir Jüngeren heute sehr oft haben bzw. durch Partys, Shoppen, Sport etc. »herstellen« können ...

Ich wurde wirklich mitgerissen von dieser Energie und auch von diesen gelebten Leben, die nun vor mir auf dem Laufsteg standen. Und plötzlich hatte ich ein völlig anderes Bild vom Alter. Ich sah das Alter wirklich auf einmal als eine Art Bonus an, in dem Bewusstsein, das eigene Leben mit allen Höhen, Tiefen und Schicksalsschlägen gemeistert zu haben. Was kann einen dann noch erschüttern?

Erst neulich sah ich eine Reportage, in der von einem Liebespaar berichtet wurde, das sich nach dem Krieg in Ostdeutschland kennenlernte. Sie war Deutsche, er Russe. Sie erlebten die große Liebe, doch da der Russe Mitglied der Roten Armee war, wurde er zurück nach Sibirien beordert, als das Militär von dieser Beziehung erfuhr. Die beiden schrieben sich über zehn Jahre lang Briefe, bis der russische Geheimdienst auch dieses untersagte. Die nächsten 50 Jahre hörten sie nichts voneinander. Erst nach dem Mauerfall im Alter von 82 Jahren trafen sie sich wieder. Die beiden heirateten und lebten in Sibirien, und: Sie schienen sehr glücklich zu sein.

Wenn man sich solche Geschichten vor Augen führt, dann ist das Alter gar nicht so verkehrt. Ganz im Gegenteil ... Gerade unsere Generation der 30- bis 60-Jährigen, wir können wahrscheinlich den besten Lebensabend genießen, den je eine Generation erlebt hat. Wenn wir ihn selbst gestalten und wenn wir dies gesellschaftlich und sozial auch weiterhin dürfen.

Das Geburtsjahr ist ja nicht wirklich ausschlaggebend für das eigene Alter. Ist man nicht definitiv so alt, wie man sich fühlt? Es gibt Menschen, die sind schon mit 20 alt, und es gibt Menschen, die mit 80 jung wirken. Wenn wir nämlich mal schauen, welche Attribute wir mit Alter und Jugend verbinden, dann sind dies doch ganz prägnante Eigenschaften. Viele setzen »alt sein« gleich mit Müdigkeit, Krankheit und Gebrechlichkeit, mangelnder Vitalität. Doch ist es nicht eher eine Frage der eigenen Haltung?

So spielt Zeit also keine wirklich große Rolle. Diese lineare Form von Zeit macht für mich persönlich auch keinen Sinn. Man kann Zeit nicht mit Stunden messen. Wenn ich eine Stunde beim Arzt warte, dann kommt mir das endlos vor, wenn ich aber eine Stunde vor einem Abgabetermin bin und mein Manuskript noch nicht fertig habe, dann scheint diese Stunde wie Minuten. Rein rechnerisch jedoch handelt es sich um ein und dieselbe Zeitspanne.

Bei meinen Reisen habe ich auch immer wieder feststellen können, wie wenig funktionstüchtig unser Zeitkonzept ist. Denn ich wusste immer, im Mai werde ich in Tokio sein, im August in China und im Dezember in Los Angeles. Alles lag dann in naher oder ferner Zukunft. Wenn ich dann vor Ort war, war alles irgendwie nur noch »jetzt«, und die Gedanken über diese gerade jetzt stattfindende Reise, die kamen mir vor, als hätte ich sie erst gestern gedacht. Und dann sah ich mich in Gedanken schon wieder zu Hause auf meiner Couch sitzen. Gefühlte Sekunden später macht es »peng«, und genau diese Situation ist für mich zur Realität geworden. Ich sitze zu Hause auf meiner Couch.

Was also zählt, so scheint es mir, das ist nur der Moment. Ich weiß, das hat man schon tausendmal irgendwo gelesen und gehört, aber wenn man es wirklich verinnerlicht hat, dann ist dieses ganze Konzept von Vergangenheit, Gegenwart und Zukunft nicht mehr wirklich wichtig. Dann gibt es kein Jung und kein Alt mehr, und man bewertet die Qualität des eigenen Lebens nicht daran, in welcher Lebensphase man sich befindet, sondern daran, wie schön und glücklich die erlebten Momente sind.

Rückblickend verklärt sich natürlich auch vieles. Sei es im Job, innerhalb unserer Gesellschaft, sei es im eigenen Leben. Man kann dies ganz wunderbar anhand der Tagesschau veranschaulichen. Gab es jemals eine Tagesschau, in der gesagt wurde: »Jetzt gerade ist alles super, uns geht es gut, die Deutschen sind glücklich und zufrieden.«? Sicher nicht.

Wenn ich an meine Jugend und an meine frühe berufliche Zeit denke, habe ich viele tolle Erinnerungen. Aber ich erinnere mich auch daran, wie unerfahren und hysterisch ich in verschiedenen Situationen war. Und dann denke ich daran, welche Herausforderungen damals noch alle vor mir lagen. Der Tod meiner Eltern, die beruflichen Veränderungen, all das war ja auch ein Teil der Reise bis hierher. Und all das ist erlebt. All das habe ich bereits hinter mir und überstanden.

Und du sitzt vielleicht zu Hause und hast deine Kinder erzogen, hast einen Partner gefunden, vielleicht eine Trennung hinter dir, hast auch Menschen begraben, was auch immer dir an schönen und an schweren Momenten begegnet sein mag ... Aber du hast all das erlebt. Das sind deine Erinnerungen, deine Momente, die bei dir bleiben. Die kannst du mit dir nehmen, ganz gleichgültig, wie alt du an Jahren gerade sein magst. Du kannst dich entscheiden, ob du auf das Geschehene positiv zurückblicken magst.

Das Alter ist eine Art Bonus. Alter ist immer eine Frage der eigenen Haltung. Der schönste Moment kann und sollte immer noch kommen.

Zum Schluss komme ich noch zum Thema Angst. Sie ist nie ein guter Begleiter. Angst zu haben, ist immer blöd. Und solltest du Angst vor dem Alter haben, so versuche nicht, das Alter zu verleugnen, aber versuche, diese Angst davor loszuwerden. Denn genau das willst du ja, sonst würdest du dieses Buch gar nicht lesen.

Und ja, der Körper verändert sich. Man schnauft mehr als früher, wenn man die Treppen hochgeht, man wird vielleicht auch dicker, sieht anders aus, kriegt Rückenprobleme, aber es gibt ganz viele junge Menschen, die genau diese Probleme schon mit 20 haben. Das ist also nicht unbedingt eine Frage des Alters, sondern eine Frage des Lebensweges. Dafür hat man mit 40 vielleicht auch mehr Geld als mit 20, ist mental klarer oder entspannter, weil man eine tolle eigene Familie um sich hat. Man darf einfach die Perspektive nicht aus den Augen verlieren. Man kann sich im Alter darauf stürzen, dass sich der Körper verändert und alles schlechter wird, oder man versucht, sich darauf zu konzentrieren, was man alles schon erleben durfte und welche positiven Aspekte das Alter mit sich bringt.

Dabei hilft, wenn man sich klarmacht, dass man das, was man nicht ändern kann, akzeptiert und das, was man gestalten kann, aktiv angeht.

Ich feiere, während ich dieses Buch schreibe, bald meinen 40. Geburtstag. Und irgendwie finde ich es geil. Ich bin gespannt, wie es sich dann an dem Tag anfühlen mag, aber irgendwie freue ich mich auch darauf, ganz offiziell die zweite Hälfte meines Lebens anzugehen.

Wenn ich mir heute mein Leben ansehe, dann sehe ich jetzt das Resultat dessen, was ich in den vergangenen Jahren selbst aktiv gestaltet habe. Alles beginnt mit einem Gedanken. Und so denke ich heute einfach, ab 40 wird alles noch besser. Wie das aussehen wird, werde ich sehen. Aber ich pflanze mir diesen Gedanken in den Kopf, dass die folgenden Jahre die glücklichsten meines Lebens werden. Und das kann man immer machen, zu jedem Zeitpunkt, mit 20, 40 und auch mit 80 oder 90. Der schönste Moment eines Lebens kann und sollte immer noch kommen.

Wie lange ist das letzte Highlight in deinem Leben her, wann hast du zum letzten Mal etwas erlebt, von dem du sagen könntest: Das war einer der schönsten Momente in meinem Leben?

Wenn du nun an deine Zukunft, an dein Alter denkst, was könnte der nächste tolle Moment sein? Beginne mit einem Gedanken, mit einer Idee und dann schreibe diese Situation hier auf, so genau und detailliert, wie du magst. Und dann nimm diesen Gedanken mit dir in deine Zukunft.

KAPITEL 12

Auf das, was bleibt
auf den ersten
2006
und auf den letzen
Tschüss
Tag

Der Tod ist kein Ende

#TOD UND STERBEN

Ja, ich weiß, Sterben ist scheiße. Zurückbleiben ist schrecklich. Aber was wäre denn die Alternative? Ewiges Leben? Immer jung sein? Ich weiß nicht, dafür kann ich mich auch nicht begeistern.

Vor etwa drei Monaten hatte mein Bruder einen Arzttermin, da er einen Knoten unter den Achselhöhlen entdeckt hatte. Bei unserer Familiengeschichte schickte ihn der Arzt sofort in die Röhre. Es war dann im Endeffekt nur eine Fettabsonderung, aber dieser Vormittag, an dem er besagten Arzttermin hatte, war auch für mich der absolute Horror. Meine beiden Großväter sind an Krebs gestorben, meine Großmutter, mein Vater und meine Mutter auch. Ich saß zu Hause und machte mich schon auf das Schlimmste gefasst. Und ich entschied in diesem Moment, dass, egal was passieren würde, ich einfach weitermache.

Ob ich das so hätte umsetzen können, ist eine andere Frage, aber welche Alternative als das Unvermeidliche zu akzeptieren haben wir denn? Natürlich war ich erleichtert und überglücklich, als die Entwarnung kam, aber auf einmal war ich wieder ganz nah dran an einem Schicksal, am Thema Tod. Und bin es ja auch irgendwie immer. Denn auch ich gehöre zu der Risikogruppe. Eigentlich wäre es fast ein Wunder, wenn ich keinen Krebs bekäme. Aber davon will ich mir mein jetziges Leben, mein gesundes Leben nicht versauen lassen.

Und es tut gut, sich immer mal wieder das eigene Ende ins Bewusstsein zu rufen. Sich auch mal selbst zu fragen: Wie möchte ich sterben? Gerade in dieser Legislaturperiode wird der Bundestag über die Legalisierung der Sterbehilfe entscheiden. Ich weiß, das ist kein Party-Thema, aber wenn man selbst in der Situation steckt, ist es umso schwerer, sich darüber Gedanken zu machen. Und es gibt Dinge, die man frühzeitig klären muss, da sonst im Ernstfall andere darüber entscheiden werden.

Von daher wechsel doch noch ein letztes Mal mit mir gemeinsam die Perspektive und sieh diese Begegnung mit dem Thema Sterben an dieser Stelle weniger als Last an, sondern eher als Chance.

Jetzt hast du die Möglichkeit, eine Situation, die mit Sicherheit einmal auf dich zukommt, vielleicht erst in weiter Zukunft, vielleicht aber auch schon morgen, selbst zu gestalten. Möchtest du, dass dein Leben, so lange es geht, verlängert wird, möchtest du Organe spenden, wie soll deine Beerdigung aussehen? Ist Selbstmord für dich ein Ausweg?

Nach all meinen Erlebnissen mit dem Thema Sterben habe ich für mich eine richtige und auch mein Leben bereichernde Einstellung gefunden. Ich sehe das Sterben nicht als Ende, sondern als Ziel. Das Leben ist wie ein Hundert-Kilomenter-Lauf. Und je mehr man läuft, desto kaputter wird man vielleicht, aber desto näher ist man auch dem Ziel.

Ich sehe das Sterben nicht als Ende, sondern als Ziel. Traurige Momente machen das Leben reicher.

Und ja, auch ich schütte gerne den Rest aus einer Cola-Flasche weg, wenn sie schon drei Tage im Kühlschrank stand, und mache eine neue auf. Ich schmeiße auch gerne Klamotten weg, wenn sie mir einfach nicht mehr gefallen und schon zwei oder drei Jahre alt sind. Da wir nun mal eine Gesellschaft sind, die im Überfluss lebt, trennen wir uns gerne und leicht von Dingen, die nicht mehr neu sind. Denn neue Dinge finden wir an jeder Ecke. Und neu, jung, cool verpackt ist immer toll, immer schöner als das Alte, das wir zu Hause liegen haben.

Nur, wie machen wir das mit dem Wegschmeißen, wenn es sich nicht um eine alte Jeans oder um eine angebrochene Konservendose handelt, sondern um unser Leben? Ist altes Leben weniger lebenswert als junges? Welche Kriterien muss Leben erfüllen, damit wir es in dieser Überflussgesellschaft nicht aussortieren, sondern einfach leben, jemanden leben lassen?

Eine Mitte 70-jährige Bekannte von mir, die immer sehr stolz und auffallend durch Köln zieht, sagt ganz offen: »Wenn ich einen Rollator benutzen muss, gehe ich nicht mehr aus dem Haus, und wenn ich nicht mehr will, dann miete ich mir ein Chalet in der Schweiz und bringe mich dort um.«

Ich persönlich finde das schade, auch wenn ich diesen Wunsch verstehen kann, frage aber dennoch, inwiefern ein derartiger Freitod wirklich selbstbestimmt ist? Oder ist er nicht vielmehr geprägt durch den gesellschaftlichen Anspruch, immer gut funktionieren zu müssen und keinem zur Last zu fallen?

Ich sage es gerne ganz offen: Ich bin kein Anhänger dieser Forderung nach dem schnellen Ende. Bei meinen Eltern habe ich den Verfall der Körper miterleben können. Auch wir standen eines Nachts vor dem Bett meiner Mutter und wünschten uns einfach nur, dass sie jetzt sterben würde, da sie stundenlang einen Hustenanfall hatte und niemand wusste, wie wir ihr helfen konnten. Wenn man mich vorher gefragt hätte, hätte ich sicherlich gesagt, dass ich diese Situation nicht miterleben wollen würde. Hätte ich die Wahl gehabt, hätte ich dieses Erlebnis also vermutlich gerne übersprungen. Und doch bin ich heute froh, dabei gewesen zu sein. Und bei all den anderen Erfahrungen während dieses Sterbeprozesses auch. Wir leben im wahrscheinlich besten Versorgungssystem der Erde. Ein schmerzfreies Sterben ist möglich. Und das ist auch heute noch ein großer Luxus. Den meisten Menschen, die genau jetzt leben, ist dieser Luxus nicht vergönnt.

Den Tod können wir nicht begreifen. Deshalb haben viele Menschen Angst davor. Da viele Menschen Angst davor haben, wird selten oder nur wenig darüber gesprochen.

Es geht hier auch nicht um die Frage, einsam und qualvoll in einer Neuköllner Zweizimmerwohnung zu verrecken oder in einem Chalet in der Schweiz bei Champagner und Kerzenschein freiwillig aus dem Leben zu scheiden. Es geht vielmehr darum, ob wir Leben bewerten und darüber urteilen wollen, welches Leben schön, noch oder überhaupt lebenswert ist. Die Bewahrung vor Leid ist noch lange nicht das Erleben von Glück.

Jeder, der sich das Leben nehmen will, soll das gerne tun. Diese Möglichkeit haben wir alle. Doch wenn wir jetzt öffentlich so tun, als sei die Pflege von Bedürftigen, als sei das Begleiten von Sterbenden eine sinnlose Qual und eine gesellschaftliche Zumutung, so möchte ich aus ganz persönlicher Erfahrung dagegensprechen. Mein Leben wäre heute nicht so reich, bunt und glücklich, wenn ich nicht auch viele traurige Momente gehabt hätte und diese bei anderen Menschen nicht hätte miterleben dürfen.

Ich selbst werde nie eine Geburt miterleben. Von Freundinnen weiß ich allerdings, dass diese Schmerzen verursacht, die man sich kaum vorstellen kann. Jede Mutter wird wissen, wovon ich spreche. Und doch sagen meine Freundinnen, sei die Geburt das schönste Erlebnis ihres Lebens gewesen, aha!? Also kann eine leidvolle, schmerzliche Erfahrung auch eine wunderschöne Erfahrung sein. Wenn das bei der Geburt so ist, warum sollte das nicht auch beim Sterben so sein?

Es ist der natürliche Lauf der Dinge. Und deshalb sage ich: Nein danke! Ich bleibe bis zum Schluss. Zumindest würde ich mir das wünschen. Diese Gewissheit hilft mir in meinem Leben, Prioritäten zu setzen und mein Schicksal, mein letztes Schicksal, zu gestalten.

Und das würde ich auch dir wünschen. Wie auch immer du einmal sterben möchtest, entscheide selbst über dein Glück und nimm dieses in die Hand. Dann können wir gemeinsam dieses Leben leben, uns an die Hand nehmen und ohne Angst diesem großen, letzten Erleben entgegengehen. Jeder so, wie er mag. Jeder so, wie er kann.

Frage dich doch einfach mal, wie du gerne sterben möchtest. Möchtest du mit Maschinen am Leben erhalten werden, möchtest du eine Patientenverfügung erstellen, was wäre deine größte Angst?

Und jetzt frage dich, wie kannst du dieser Angst begegnen? Was kannst du tun, damit du fortan das Gefühl hast: Ich habe auch meinen letzten Weg selbst gestaltet. Plane dieses Ereignis doch einfach mal so, als sei es ein runder Geburtstag.

Unsere Reise geht weiter

Warum liest man ein Buch mit dem Titel »Scheiß aufs Schicksal«? Wahrscheinlich, weil man in irgendeiner Weise mit dem Schicksal in Konflikt geraten ist. Weil der Lebensweg nicht so verläuft, wie er geplant war, wenn er denn geplant war.

Wir verlieren im Alltag sehr schnell aus den Augen, dass wir unser Schicksal selbst bestimmen können. Das bedeutet ein wenig Arbeit und auch ein wenig mehr Bewusstsein. Es bedeutet, sich selbst Raum zu geben, damit man still werden kann, damit man begreifen kann, was geschieht und ob das, was geschieht, mit einem selbst im Einklang steht.

Ich habe jetzt viel über Perspektivenwechsel geredet. Solltest du immer noch hadern oder mit dir kämpfen, da du bei manchen Themen oder Erlebnissen einen Wechsel der Blickrichtung einfach nicht hinbekommst, dann versuche doch einfach mal Folgendes: Werde leise. Werde ganz still. Setz dich an einen dir wertvollen Platz, sorge dafür, dass du zehn Minuten lang nicht gestört werden kannst, sodass du einfach nur ein wenig Zeit mit dir selbst verbringst. Atme einfach nur ein und aus und versuche, genau das auszuhalten. Wenn du das schaffst, dann ist der erste Schritt getan. Dann hast du den heutigen Tag ein paar Minuten komplett anders verbracht als sonst, und du hast dir signalisiert: Ich möchte Veränderung, und ich möchte diese mitgestalten. Ich möchte meine Zukunft selbst in die Hand nehmen.

So entsteht ein ganz neuer Raum für neue Gedanken. Wiederhole diese paar Minuten jeden Tag, wenn es einmal fünf werden sollten: auch gut. Werden es zehn, toll. Bleiben es drei, kein Problem. Aber nutze diese Minuten, um positive Gedanken zu fassen, die du dann in deinen Alltag mitnimmst.

Das Tolle an dieser Übung ist: Es ist ganz so wie Radfahren. Wenn du es einmal kannst, dann kannst du es halt.

Wenn man einmal begriffen hat, dass das Leben, das Schicksal durch die eigenen Gedanken bestimmt und geleitet werden, dann hat man nach dem Schwimmen und nach dem Radfahren eine weitere wunderbare Fähigkeit gewonnen, die man einfach nicht mehr verlernen kann.

Auch ich stehe noch immer ganz häufig irgendwo und habe die Schnauze einfach voll. Warum auch immer. Weil immer wieder Menschen sterben, die ich liebe, weil ein Job nicht klappt, weil ein Beziehungsversuch in die Brüche geht. Und dann bin ich immer kurz davor, in Selbstmitleid zu verfallen. Manchmal gelingt es mir sogar für kurze Zeit. Aber dann merke ich diese innere Unruhe, und ich weiß: Jetzt gerade muss ich meine Zukunft bestimmen. Wenn ich mich jetzt bemitleide, wenn ich einem Job nachtrauere, wenn ich schlechte Gefühle aufkommen lasse, egal was, dann verbaue ich mir mit diesen Gedanken meine Zukunft. Und dann hat mir schon oft der Satz »Scheiß drauf!« geholfen. Denn das, was in meinem Leben zu mir gehört, wird immer auch den Weg zu mir finden und das, was nicht zu mir gehört, das kann ich auch nicht halten.

Die Reise geht immer weiter, aber das Ticket kaufst du. Du suchst dir aus, in welcher Klasse du reist und ob du lieber einen Fenster- oder einen Gangplatz haben möchtest.

Dies hier ist die Reise deines Lebens. Welche Menschen du bei deinen Aufenthalten hier oder dort treffen magst, das mag ungewiss sein, ob es dir an einem Ort besser gefällt oder nicht, auch das wird sich erst noch zeigen. Aber du bestimmst, ob du bleibst oder ob du weiterziehst.

Vielleicht treffen ja auch wir uns eines Tages auf unseren Reisen, und dann möchte ich jetzt, in diesem Moment, den Gedanken loswerden, dass es sicher ein guter Tag sein wird. Für uns, für die Stadt, in der wir sein werden und, denn man kann nie zu groß denken, für Miss Piggy, die neben uns an einem Tisch sitzen wird und der wir dann mit Champagner zuprosten und rufen: »Hurra, wir leben noch! Auf das Leben, Piggy! Auf uns.«

DADA PENG
IMMER NOCH DA SEIN

and Bye Bye

enjoy the ride and keep calm

LIFE is on your side

Dada Peng

pour moi?
MERCI!!

Danke

Eigentlich möchte ich an dieser Stelle einfach nur mal meinem Leben danken, dafür, dass es echt nicht langweilig wird und dafür, dass ich bereits jetzt in meinem Leben schon eine ganze Bandbreite an Gefühlen und Emotionen, an Irrtümern und Wahrheiten erleben durfte. Bis hierhin gebe ich meinem Leben eine Zwei. Es ist also noch Luft nach oben!

www.dadapeng.com
www.facebook.com/herrdadapeng
www.twitter.com/dadapeng
www.instagram.com/dada.peng

YIN
YAN
FUcK dEStinY
Arsch lecken
Beten
Gewinnen
Schreien
LEBEN
Lieben
Lachen
Saufen
Sterben
Weinen
Hoffen
Frei sein
Aufstehen
Hinfallen

Bibliografische Information der Deutschen Nationalbibliothek

Die Deutsche Nationalbibliothek verzeichnet diese Publikation in der Deutschen Nationalbibliografie; detaillierte bibliografische Daten sind im Internet über https://portal.dnb.de abrufbar.

FSC
www.fsc.org
MIX
Papier aus verantwortungsvollen Quellen
FSC® C005833

Verlagsgruppe Random House FSC® N001967.
Das für dieses Buch verwendete FSC®-zertifizierte Papier *Munken Premium Cream* liefert Arctic Paper Munkedals AB, Schweden.

1. Auflage

Coverfoto: © privat
Druck und Einband: Těšínská tiskárna, a.s., Český Těšín
Printed in Czech Republic
ISBN 978-3-579-07080-3

www.gtvh.de